Printed in the United States
By Bookmasters

# تكنولوجيا التعليـم
# لذوي الحاجات الخاصة

تأليف

**الدكتور عبد الحافظ محمد سلامة**

أستاذ تكنولوجيا التعليم المشارك

جامعة الملك سعود - الرياض

دار وائل للنّشر

الطبعـة الأولى

٢٠٠٩

رقم الايداع لدى دائرة المكتبة الوطنية : (2008/7/2323)
سلامة ، عبد الحافظ
تكنولوجيا التعليم لذوي الحاجات الخاصة/ عبد الحافظ محمد سلامة.
- عمان ، دار وائل 2008
(217) ص
ر.إ. : (2008/7/2323)
الواصفات: التعليم الخاص / تكنولوجيا التعليم / طرق التعلم / أساليب التدريس
* تم إعداد بيانات الفهرسة والتصنيف الأولية من قبل دائرة المكتبة الوطنية

**********

رقم التصنيف العشري / ديوي : 371.9
(ردمك) ISBN 978-9957-11-762-7

* تكنولوجيا التعليم لذوي الحاجات الخاصة
* الدكتور عبد الحافظ محمد سلامة
* الطبعـة الأولى 2009


* جميع الحقوق محفوظة للناشر

دار وائـل للنشر والتوزيع
* الأردن - عمان - شارع الجمعية العلمية الملكية - مبنى الجامعة الاردنية الاستثماري رقم (2) الطابق الثاني
هاتف : 00962-6-5338410 - فاكس : 00962-6-5331661 - ص. ب (1615 - الجبيهة)
* الأردن - عمان - وسط البلد - مجمع الفحيص التجاري- هاتف: 00962-6-4627627
www.darwael.com
E-Mail: Wael@Darwael.Com

# الإهـــداء

إلى كل من مدّ يد العون إلى معوق

احتساباً لله سبحانه وتعالى

# المحتويات

## مقدمة الطبعة الأولى

## إعاقتهم لن تحد من عطائهم !

معاق.. معوق كلمتان يستخدمها العامة في نعت الإنسان الذي يفضل التربويون والأكاديميون تسميته إنساناً ذا حاجات خاصة، وقديماً لظروف اجتماعية واقتصادية وثقافية كان الطفل ذو الحاجات الخاصة لا يجد إلا مصيراً واحداً "العزلة"، فلا إمكانات لتأهيله وتدريبه ومحاولة علاجه، ولا ثقافة تؤهل للتعامل الصحيح معه.

وبمرور الأيام تغيرت هذه الصورة نحو الأفضل، فأصحاب هذه الحاجات كثيرون، لذا وجب العمل على رعايتهم أولاً ثم جعلهم جزءاً لا يتجزأ من المجتمع. وإن أهم وأخطر زوايا قضية رعاية هذه الفئة من مجتمع الأطفال هو كيفية دمج هذه الفئة مع المجتمع، الأمر الذي لن يتأتى إلا بدمجهم في التعليم.

ويمثل مفهوم الدمج في التعليم دمج المعوقين "بصرياً وسمعياً ونطقياً وحركياً وعقلياً"، ويقصد بالدمج تقديم الخدمات التربوية والتعليمية المختلفة لذوي الحاجات الخاصة في الظروف البيئية العادية التي يحصل فيها أقرانهم من العاديين على الخدمات نفسها، والعمل بقدر الإمكان على عدم عزلهم في أماكن منفصلة، حيث إن مفهوم الدمج في جوهره اجتماعي وأخلاقي ضد التصنيف والعزل لأي فرد بسبب إعاقته ورفض الوصمة الاجتماعية للأشخاص ذوي الحاجات الخاصة.

"الإعاقة" ليست عجزاً ولا تعني فقدان الإرادة وليست سبباً كافياً لحرمان ذوي الحاجات الخاصة من حقهم في التعليم. لذا وجب علينا توفير الدعم الكافي لدمج ذوي الحاجات الخاصة، والتوجيه الهادف إعلامياً واجتماعياً بما يخدم هذا الهدف؛ لإكساب المعاقين مزيداً من الاستقلالية والثقة بالنفس، فإعاقتهم لن تحد من عطائهم.

المؤلف

أ.د. عبد الحافظ محمد سلامة

الرياض ٢٠٠٩

الفصل الأول

من هم ذوو الحاجات الخاصة ؟

## من هم ذوو الحاجات الخاصة؟

في العقود القليلة الماضية حدثت تغيرات كبيرة على صعيد تدريب وتربية الأشخاص ذوي الحاجات الخاصة، فقد تزايد اهتمام المجتمعات الإنسانية بتوفير النمو والتعلم لهذه الفئة، مع تطور الوسائل والأدوات التربوية، والبرامج التربوية الخاصة، والوسائل والتقنيات الحديثة التي تحدث فرقاً كبيراً في حياة هذه الفئة.

## ذوو الحاجات الخاصة (Handicapped)

هم أولئك الأشخاص الذين يختلفون على نحو أو آخر عن الأشخاص الذين يعتبرهم المجتمع عاديين، وبشكل أكثر تحديداً: هم الأشخاص الذين يختلف أداؤهم جسمياً أو عقلياً أو سلوكياً جوهرياً عن أداء أقرانهم العاديين. وبشكل عام فإن الأداء العادي يتراوح حول متوسط ما. إن وضع حد فاصل بين الأداء السوي والأداء الشاذ أو غير العادي أمر بالغ الصعوبة، فقد ينحرف الأداء عما يعتبر عادياً دون أن يصبح غير عادي؛ لذا فإن تعريفنا لذوي الحاجات الخاصة يعتمد بالضرورة على درجة الانحراف عن العادي وتكراره ومداه (*Kirk&Gallagher, 1989*).

وبناء على ما سبق، فإن الأشخاص ذوي الحاجات الخاصة هم الذين يختلفون عن الأشخاص العاديين اختلافاً ملحوظاً وبشكل مستمر ومتكرر، وهو الأمر الذي يحد من قدرتهم على النجاح في تأدية النشاطات الأساسية الاجتماعية والتربوية والشخصية. وفي هذا السياق، يجب التمييز بين بعض المصطلحات التي تستخدم عادة للإشارة إلى الفئات الخاصة في أدبيات التربية الخاصة والتي سنوردها من خلال أنواع الإعاقات.

## أنواع الإعاقات

للإعاقة فئات أساسية هي:

١.    الإعاقة الذهنية.

٢.    الإعاقة الحركية.

٣.	الإعاقة السمعية.

٤.	الإعاقة البصرية.

٥.	صعوبات التعلم.

٦.	الإعاقة الانفعالية أو الاضطرابات السلوكية.

٧.	الاضطرابات الكلامية واللغوية.

٨.	الموهوبون.

٩.	المتوحدون.

١٠.	ذووا متلازمة داون.

وكل فئة من هذه الفئات تصنف إلى مستويات أو أنواع مختلفة اعتماداً على شدتها أو أسبابها أو خصائصها.

ولعل من دواعي الإحساس بالألم والحزن أن مصطلح (الإعاقة) الذي أفضّل أن أسميه (حاجة خاصة) ارتبط في أذهان الكثير بالتوقف عن النمو والعجـز الكامل عن التعلم. وذلك لا يعكس حقيقة الأداء بقدر ما يعكس سلبية الاتجاهـات وتدني التوقعات، "فالإعاقة" لا تعني انتهاء كل شيء. فهي في الحقيقة حالة مـن الضعف في ظهر أو أكثر من مظاهر النمو، أو تـأخر أو بطء في النمـو وليست توقفـاً عنـه. وإذا تفاقمت المشكلات فالسبب عدم تزويد الطفل بالخـدمات المناسبة أكثر مـن عـدم قدرته على التعلم والنضج.

إن الطفل "ذا الحاجات الخاصة" طفل أولاً وذو حاجـة خاصـة ثانيـاً، وذلك يعني أنه إنسان يمر بمراحل نمائية عديدة متسلسلة ومنظمة، وحاجاتـه الأساسـية لا تختلف عن حاجات الأطفال العاديين. فهو كغيره من الأطفال يحتاج للحـب والحنـان والأمن والأمان والشعور بقيمته وكفايته الشخصية، كما أنه بحاجة إلى الـدعم وتهيئة الفرص اللازمة له ليصبح مستقلاً إلى الحد الذي تسمح به قابليته وقدراته.

إلاّ أن ما يحدث في كثير من الأحيان هو أن الناس لا تتوقع الكثير من الطفل "ذي الحاجة الخاصة"، وتتعامل معه كأنه مخلوق خال من المشاعر ولا قابلية لديه للتغيير أو التطور.

وهذه الأسباب هي الأسباب الفعلية التي تكمن وراء التدهور في أداء الكثيرين من هذه الفئة، لذلك فإن نقطة بدايتنا معهم تتمثل بتغيير اتجاهاتنا نحو هذه الفئة، وتبني التوقعات الواقعية البعيدة عن المبالغة وتوقع المعجزات المتحررة من فقدان الأمل، فكل طفل يستطيع عمل شيء معين دوناً عن الآخرين، ولا ننسى- كلنا بحاجة إلى المساعدة في مرحلة ما من مراحل حياتنا.

## أنواع الإعاقات

### أولاً: الإعاقة الذهنية (*Mental Retardation*)

منذ القدم ومشكلة الإعاقة الذهنية باسطة أجنحتها فمنذ وجود الإنسان وجدت الإعاقة الذهنية، وإن اختلفت أنواعها ونسبتها من مجتمع لآخر، فالإعاقة إما جسدية أو عقلية تؤدي في النهاية إلى عجز كلّي أو جزئي. ومن أسباب الإعاقات أسباب خلقية، وراثية، صحيّة أو اجتماعية.

تعرّف الإعاقة الذهنية بأنها انخفاض ملحوظ في مستوى الأداء العقلي العام، يصحبه عجز في السلوك التكيفي ويظهر في مرحلة النمو مما يؤثر سلباً على الأداء التربوي للفرد، تصنف الإعاقة الذهنية اعتماداً على نسبة الذكاء إلى الفئات التالية:

(أ) الإعاقة الذهنية البسيطة (٥٥-٦٩) درجة.

(ب) الإعاقة الذهنية المتوسطة (٤٠-٤٥) درجة.

(ج) الإعاقة الذهنية الشديدة (٢٥- ٣٩) درجة.

(د) الإعاقة الذهنية الشديدة جداً (أقل من ٢٤ درجة) **(*Mac Millan,1977*).**

كما تصنف الإعاقة الذهنية من قبل مؤسسات التربية الخاصة إلى فئات ثلاث هي:

(أ) القابلون للتعلم (٥٠-٧٠ درجة): وهم أطفال قادرون على تعلم المهارات الأكاديمية الأساسية.

(ب) القابلون للتدريب (٣٠-٥٠ درجة): وهم أطفال قادرون على تعلم المهارات الأكاديمية الوظيفية فقط، إضافة إلى مهارات العناية بالذات.

(ج) الاعتماديون (أقل من ٣٠ درجة): وهم أطفال يحتاجون إلى رعاية خاصة مستمرة.

قد تنتج الإعاقةالذهنيةعن أسباب بيولوجيةمتنوعة،وعندئذ تسمى (إعاقة ذهنية عضوية).إلاأن معظم حالات الإعاقةالذهنية لا تعود لأسباب بيولوجيةوفي هذه الحالة يطلق

عليها اسم (الإعاقة الأسرية الثقافية). والجدول رقم (٢) يوضح بعض أسباب الإعاقة الذهنية.

**الجدول رقم (١)**

**بعض أسباب الإعاقة الذهنية**

| | **أسبابها** |
|---|---|
| الإعاقة الذهنية | التسمم |
| | اضطراب عملية الأيض |
| | عسر الولادة |
| | الخداج |
| | عدم توافق العامل الرايزيسي |
| | العوامل الضارة (أدوية، أشعة) |
| | نقص الأكسجين |
| | اضطراب الكروموسومات |
| | كبر أو صغر حجم الرأس |
| | الإصابات والحوادث |
| | التهاب السحايا |
| | التهاب الدماغ |
| | الأمراض الجنسية |

### أسباب الإعاقة الذهنية

هناك عدة أسباب للإعاقة الذهنية منها:

(أ) أسباب ما قبل الولادة.

(ب) أسباب أثناء الولادة.

(ج) أسباب بعد الولادة.

وفيما يلي تفصيل لكل نوع من هذه الأنواع.

**(١) أسباب ما قبل الولادة:**

وتشمل العوامل الوراثية والأسباب الخَلقية. فالعوامل الوراثية تنتقل من الآباء إلى الأبناء، حيث تحمل الصفات البشرية على جينات (***Genes***)، وتتوزع هذه الجينات على كروموسومات، وقد يولد الطفل المعاق ذهنياً لأبوين ذكاؤهما عادي أو حتى فوق المتوسط.

وترجع الإعاقة الذهنية عند المولود إلى قوانين الوراثة التي تنقل صفات من أجداد يبعد تاريخهم عن الفرد الذي يرث الصفة، حيث إن كثيراً من هذه الصفات الشاذة تنتقل عبر عوامل متنحيّة، وهذه العوامل لا تظهر الصفة إلا إذا تجمعت مع بعضها من الأبوين. **(الميلادي، ٢٠٠٤)**.

أما عن الأسباب الخَلقية فهي التي تؤثر على الجنين أثناء فترة الحمل، ومن بينها الإصابات التي تحدث للأم الحامل، مثل التعرض للإشعاعات أثناء الحمل أو ضربات عنيفة على الجمجمة، أو بعض الأمراض التي تحملها الأم كالسكر والضغط، أو بعض الأمراض المعدية مثل: الحصبة.

**(٢) أسباب أثناء الولادة:**

بالرغم من أن فترة الولادة قد لا تستمر أكثر من ساعات محدودة، إلا أنها بالغة التأثير في مستقبل الطفل، فقد يتعرض الطفل للضغط أثناء الولادة المتعسرة مما يؤثر على خلايا المخ، وهي سبب رئيس للإعاقة الذهنية. كما أن هناك العديد من الأسباب أثناء

الولادة تؤدي إلى الإعاقة الذهنية منها: أمراض المشيمة، امتداد ساعات الولادة، نقص الأكسجين.

## (٣) أسباب ما بعد الولادة:

وهي العوامل التي تؤثر على الفرد أثناء مراحل نموه المختلفة وحتى بلوغه سن الـ ١٨ سنة، ومن هذه العوامل: التهاب السحايا الدرني، والحمى المخية الشوكية، نقص التغذية في بعض الحالات.

## درجات الإعاقة الذهنية

## (١) الإعاقة الذهنية خفيفة الدرجة (Mild Mental Retardation)

## معدل الذكاء: ٥٠- ٦٩

إن الأفراد ذوي الإعاقة البسيطة يكتسبون اللغة متأخرين بعض الشيء، لكنهم يصبحون قادرين على الحديث في متطلبات الحياة اليومية، كما يستطيعون عقد حوار بسيط. كما يكتسب بعضهم استقلالاً كاملاً في رعاية أنفسهم، أو في المهارات العملية والمنزلية حتى إذا كان معدل الارتقاء أبطأ بكثير من الطبيعي. إلا أن الصعوبات الرئيسة بالنسبة إليهم تبدأ في الدراسة الأكاديمية، حيث يعاني الكثير منهم من مشكلات القراءة والكتابة، لكنهم يستطيعون التعلم من خلال تقديم أساليب في التعليم، صممت لتطوير مهاراتهم ولتعويضهم عن عجزهم، حيث يمتلك أغلب الأفراد في النطاقات العليا من الإعاقات الذهنية البسيطة قدرات على أداء الأعمال التي تستدعي قدرات عملية أكثر منها أكاديمية بما في ذلك العمل اليدوي الماهر أو نصف الماهر. وفي إطار اجتماعي وحضاري يتطلب إنجازاً أكاديمياً ضئيلاً، قد لا تمثل درجة من الإعاقة الذهنية البسيطة أية مشكلة، إلا إذا رافقها عدم نضج واضح سواء كان عاطفياً أو اجتماعياً.

(٢) الإعاقة الذهنية متوسطة الدرجة (البلاهة) (Moderate Mental Retardation)

معدل الذكاء: ٣٥ - ٤٩

الأفراد في هذه الفئة بطيئون في تبلور فهم واستخدام اللغة، وإنجازاتهم المستقبلية محدودة. وقد يتأخر اكتسابهم لرعاية الذات والمهارات الحركية. كما قد يحتاج البعض إلى رعاية مدى الحياة، أما التقدم في الأعمال المدرسية فهو محدود، إلا أن نسبة منهم تتعلم المهارات الأولية الضرورية للقراءة والكتابة، وقد توفر البرامج التعليمية لهؤلاء الأفراد فرصاً لتطوير استعداداتهم المحدودة، ولاكتساب بعض المهارات الأساسية، إلا أنها لا تناسب بطيء التعلم ذو الحد الأقصى ـ المنخفض من الإنجاز.

(٣) الإعاقة الذهنية شديدة الدرجة (Serve Mental Retardation)

معدل الذكاء: ٣٠ - ٣٤

تتشابه هذه الفئة بشكل عام مع الإعاقة الذهنية متوسطة الدرجة فيما يتعلق بالصورة السريرية، ووجود سبب عضوي والحالات المصاحبة له، كذلك فإن مستويات الإنجاز المنخفضة المذكورة مع الإعاقة الذهنية هي الأكثر شيوعاً في هذه المجموعة. وأغلب أفراد هذه الفئة يعانون من درجة بالغة من الخلل في الحركة، أو أي أنواع نقص مصاحبة أخرى. ويشير هذا إلى وجود عيب تكويني في الجهاز العصبي المركزي ذي مغزى سريري (إكلينيكي).

(٤) الإعاقة الذهنية الجسيمة (Profound Mental Retardation)

معدل الذكاء: نسبة الذكاء أقل من ٢٠

إن الأفراد المصابين بهذا النوع من الإعاقة العقلية غير قادرين بتاتاً على فهم أو تنفيذ الطلبات أو التعليمات. وقادرين في أغلب الأحيان على أشكال بدائية من التفاهم غير اللفظي، وقدراتهم على العناية باحتياجاتهم الأساسية قليلة جداً أو منعدمة ويحتاجون إلى مساعدة مع متابعة دائمة. إلا أن الفرد المصاب قد يستطيع من الرعاية والتوجيه المناسبين أن يقوم بدور صغير في المهام المنزلية، وفي أغلب الحالات يمكن التعرف على سبب عضوي.

**مظاهر الإعاقة الذهنية**

أثناء مراحل النمو المبكر للطفل، توجد مظاهر هامة يجدر الانتباه إليها، حيث إنها تشير إلى الإصابة بالقصور الذهني لدى الطفل. إن الاكتشاف المبكر للإعاقة يساعد على التدريب والتأهيل للعمل، وعلى تخفيض نتائج الإعاقة الذهنية. والخصائص الأساسية لتقييم الإعاقة الذهنية تنقسم إلى قسمين:

١-    خصائص بدنية.

٢-    خصائص عقلية.

**الخصائص البدنية لذوي الإعاقات الذهنية**

قد تظهر بعض هذه الخصائص الجسمية، وليس من الضروري أن تظهر كلها على طفل واحد، وتعدد ظهور هذه الدلالات يدل على شدة الإعاقة والدلالات الجسمية هي:

• في الأسابيع الأولى لا يبدي الطفل أي نشاط حركي، حتى إذا أحدث المحيطون به نوعاً من المنبهات الحسيّة.

• انخفاض النمو الحركي عن المعدل الطبيعي.

• عدم القدرة على الكلام أو المشي في عمر ثلاث سنوات.

• تأخر ظاهر في حجم النمو الجسمي.

• اضطرابات في إفرازات الغدد الصماء.

• اختلال في كروموسومات تكوين الجسم.

كل هذه الأمور تحدث بشكل طبيعي عند الإنسان السوي جسدياً وذهنياً ونفسياً، وتتأخر عند من يعاني من قصور عقلي، وفي بعض الأحيان لا يكتسبها الطفل إلا بعد فترة طويلة.

ثانياً: الإعاقة الحركية (*Physical Disability*)

تعرّف الإعاقة الحركية بأنها حالة ضعف عصبي، أو عظمي، أو عضلي، أو حالة مرضية مزمنة تتطلب إجراء تعديلات على المنهج المدرسي وأساليب التدريس، وربما المبنى المدرسي كي يصبح بمقدور الطفل الاستفادة من البرامج التعليمية. ولعل أكثر ما تتصف به الإعاقات الجسدية عدم تجانسها، فهناك فروق فردية هائلة بين الأطفال المعوقين جسدياً، بالرغم من أنهم عموماً يعانون من محدودية مدى الحركة ومحدودية القدرة الجسدية. وفيما يلي وصف لأكثر أنواع الإعاقات الحركية انتشاراً (*Bigge, 1992*):

(أ) **شلل الأطفال:** وهو إصابة فيروسية للخلايا العصبية الحركية في النخاع الشوكي ينجم عنها شلل مجموعات عضلية مختلفة.

(ب) **الشلل الدماغي:** وهو اضطراب عصبي حركي مزمن ينتج عن تلف دماغي قبل الولادة أو أثناءها أو بعدها، ومن مظاهره الشلل أو الضعف أو عدم التوازن.

(ج) **الصرع:** وهو اضطراب عصبي يحدث بسبب نشاطات كهربائية دماغية غير عادية.

(د) **الصلب المفتوح:** وهو تشوه خلقي في العمود الفقري على شكل فتحة يظهر فيها جزء من النخاع الشوكي.

(هـ) **الحثل العضلي:** وهو اضطراب وراثي يحدث فيها تلف وتدهور مضطرد في العضلات الهيكلية في الجسم.

(و) **الوهن العضلي:** وهو اضطراب عصبي عضلي تظهر أعراضه تدريجياً على شكل ضعف في العضلات الإرادية وشعور بالتعب الشديد.

(ز) **السكري:** وهو ارتفاع نسبة السكر في الدم بسبب نقص في هرمون الأنسولين الذي يفرزه البنكرياس.

(ح) **الهيموفيليا:** وهو اضطراب وراثي في الدم ناجم عن نقص في عوامل تخثر الدم بحيث يكون هناك قابلية للنزيف المتكرر.

(ط) **أنيميا الخلايا المنجلية:** وهو مرض تصبح فيه كريات الدم الحمراء صلبة وتأخذ شكل المنجل مما يحد من إمكانية مرورها في الأوعية الدموية.

(ي) **الربو:** وهو اضطراب تنفسي- مزمن ينجم عن ردود فعل تحسسية تؤدي إلى انقباض العضلات في القصبات الهوائية، وبالتالي الصفير بسبب ضيق مجرى التنفس.

**ثالثاً: الإعاقة السمعية (*Hearing Impairment*)**

تعرّف بأنها فقدان سمعي يبلغ من الشدة درجة يصبح معها من الضروري تقديم التربية الخاصة. وتشمل الإعاقة السمعية الصمم وضعف السمع. أما الشخص الأصم فهو الذي يعاني من ضعف سمعي شديد جداً (أكثر من ٩٠ ديسيبل)، بحيث لا يستطيع اكتساب المعلومات اللغوية عن طريق حاسة السمع باستخدام أو بدون استخدام المعينات السمعية التي تضخم الصوت، وهذه الحالة تتطلب توفير برامج تربوية خاصة لأن طرق التربية التقليدية لا تكون كافية أو مفيدة في مثل هذه الحالات (الخطيب، ١٩٩٤).

أما ضعيف السمع فهو الذي يعاني من صعوبات في السمع بحيث تؤدي هذه الصعوبات إلى أن يواجه مشكلات في فهم الكلام سواء أكان ذلك باستخدام المعين السمعي أم دون استخدامه، حيث تلقي بظلالها على باقي جوانب النمو من حرمان في اللغة المنطوقة وما يترتب عليها من شيوع اضطرابات النطق والكلام عند المعاق سمعياً.فالمعاق سمعياً لا ينطق الكلمات لأنه لا يسمعها، ولا يستطيع تصحيح الأصوات التي تصل إليه؛ لأنه لا يسمع أصوات الآخرين (فتكون دائرة التواصل غير مكتملة بينه وبين الآخرين). كما أنه يعاني من ضعف سمعي دائم يتراوح بين (٢٦-٨٩ ديسيبل)، والذي بدوره يؤثر على أدائه التربوي بشكل سلبي، ولو أنه يمتلك قدرة سمعية متبقية تمكنه من معالجة المعلومات اللغوية من خلال حاسة السمع وبمساعدة المعينات السمعية. وتصنّف الإعاقة السمعية إلى ثلاثة أنواع هي:

(أ) الإعاقة السمعية التوصيلية: عندما تكون المشكلة في الأذن الخارجية أو الوسطى.

(ب) الإعاقة السمعية الحسية العصبية: عندما تكون المشكلة في السمع ناجمة عن اضطراب في الأذن الداخلية أو في العصب السمعي.

(ج) الإعاقة السمعية المركزية: عندما تكون المشكلة في الدماغ وليست في الأذن.

**رابعاً: الإعاقة البصرية (*Visual Impairment*)**

وهي حالة ضعف بصري شديد يؤثر على الأداء التربوي للطفل سلباً حتى بعد تنفيذ الإجراءات التصحيحية متمثلة بالعدسات وهي على أنواع منها: العمى (***Blindness***)، أو الفقدان البصري الكلي وضعف البصر- (***Low Vision***) أو الفقدان البصري الجزئي.

يعرف العمى بأنه حدة إبصار تقل عن (٢٠٠/٢٠) في العين الأفضل أو الأقوى أو مجال إبصار يقل عن (٢٠) درجة، أما الضعف البصري فهو حدة إبصار أقوى من (٢٠٠/٢٠) ولكنه أضعف من (٧٠/٢٠) بعد التصحيح، وهذه التعريفات كلها من ناحية طبية. أما التعريف التربوي فهو يشير إلى أن الطفل الكفيف هو الذي يعاني من فقدان بصري يجعل تعليمه القراءة والكتابة بطريقة بريل أمراً لا بديل له عنه. أما الطفل ضعيف البصر فهو من الناحية التربوية طفل لديه فقدان بصري شديد بحيث إنه لا يستطيع تأدية المهمات التعليمية إلاّ بمساعدة المعينات البصرية التي تتضمن التكبير. ونظراً للصعوبات والمشكلات الحسية أو الجسدية أو العقلية التي يعاني منها ذوو الإعاقات البصرية فهم بحاجة إلى نظام تعليمي خاص يشمل مناهج مكيفة وأساليب معدّلة. فهم لن يستفيدوا من البرامج التعليمية التي يتم تقديمها في المدارس العادية؛ ولذلك فإنهم بحاجة إلى تربية خاصة تستطيع تلبية حاجاتهم الفردية الخاصة، تدخل من ضمنها وسائل وتقنيات التعليم المختلفة التي تساعد على تعليمهم بصورة أفضل.

**خامساً: صعوبات التعلم (*Learning Disabilities*)**

تعرّف صعوبات التعلم بأنها:**اضطراب في واحدةأو أكثرمن العمليات النفسية الأساسيةذات الصلةبفهم اللغةالمكتوبةأو المنطوقة**.وتعبّرصعوبات التعلم عن نفسها بعدم

القدرة على الكتابة أو الاستماع أو الحديث أو القراءة أو التهجئة أو الحساب، وغالباً ما يُشار إلى صعوبات التعلم بمصطلحات مثل: (الإعاقة الإدراكية، التلف الدماغي البسيط)، إلا أنه يجب التنبه إلى أن صعوبات التعلم تختلف عن المشكلات التعليمية التي تعود بشكل رئيس إلى الإعاقة الذهنية، أو الحسية، أو الإعاقة الجسمية، أو الحرمان البيئي أو الثقافي، أو الاقتصادي (Yesseldyke & Algozzine, 1990).

إن الأطفال الذين يعانون من صعوبات التعلم قد يظهرون واحدة أو أكثر من الخصائص السلوكية التي تعيق القدرة على التعلم. وهذه الخصائص تعكس اختلافاً جوهرياً بين القدرات الفعلية الموجودة لديه ومستوى تحصيله. كما أن هذه الخصائص تعكس تفاوتاً بين العمر الزمني للطفل والأنماط والمظاهر السلوكية التي تظهر لديه. وهذه الخصائص تشمل:

(أ) اضطرابات النشاط الحركي (النشاط الزائد، عدم التآزر الحركي).

(ب) الاضطرابات الانفعالية (العدوانية، الانسحاب الاجتماعي، الإحباط، القلق).

(ج) الاضطرابات الإدراكية (البصرية، الحركية، السمعية، اللمسية، السمعية، البصرية).

(د) اضطراب عمليات التفسير (عدم فهم الكلمات المكتوبة والمنطوقة).

(هـ) اضطراب الذاكرة (الذاكرة قصيرة المدى وطويلة المدى).

(و) اضطراب عملية الانتباه (التشتت، عدم المثابرة) (الخطيب والحديدي،١٩٩٤).

## سادساً: اضطرابات التواصل

هي اضطرابات ملحوظة في النطق، أو الصوت، أو الطلاقة الكلامية، أو التأخر اللغوي، أو عدم تطور اللغة التعبيري، أو اللغة الاستقبالية الأمر الـذي يجعـل الطفل بحاجة إلى برامج علاجية أو تربوية خاصة. ومن بين اضطرابات التواصل ما يلي :

### (أ) اضطرابات النطق

وهي خلل في نطق الطفل لبعض الأصوات اللغويـة يظهـر في واحـد أو أكـثر مـن الاضطرابات التالية:

١ – إبدال ( نطق صوت بدلاً من صوت آخر ) .

٢ – حذف ( نطق الكلمة ناقصة صوتاً أو أكثر ) .

٣ – تحريف ( نطق الصوت بصورة تشبه الصوت الأصلي غير أنه لايماثله تماماً ) .

٤ – إضافة ( وضع صوت زائد إلى الكلمة ) .

### (ب) اضطرابات الطلاقة اللفظية:

تظهر عندما يصدر الفرد عـدداً كبيراً مـن الاعتراضـات أو التقاطعـات الكلاميـة. وغالباً ما تعرف هذه الاضطرابات باللجلجة أو التأتأة وتتميـز بواحـدة أو أكـثر مـن الخصائص التالية :

١- التكرار والإعادة .

٢ – إطالة الأصوات .

٣ – التردد أو التوقف عن الكلام .

٤ – الأصوات الاعتراضية الخاطئة .

### (ج) اضطرابات الصوت:

وتعني اضطرابات درجة الصوت من حيث شدته أو ارتفاعـه أو انخفاضـه أو نوعيته.

**(د) اضطرابات اللغة:**

ويقصد بها تلك الاضطرابات المتعلقة باللغة نفسها من حيث زمن ظهورها أو تأخيرها أو سوء تراكيبها من حيث معناها وقواعدها أو صعوبة قراءتها وكتابتها وتشمل المظاهر التالية:

١ - تأخر ظهور اللغة .

٢ - صعوبة الكتابة .

٣ - صعوبة التذكر والتعبير .

٤ - صعوبة فهم الكلمات أو الجمل .

٥ - صعوبة القراءة .

٦ - صعوبة تركيب الجملة .

**أسباب اضطرابات التواصل**

**- الأسباب العضوية**

قد يكون السبب اضطرابات كروموسومية أو فيسـولوجية أو نمائيـة يتعرض لها الفرد وتسبب خللاً أو ضعفاً في الأجهزة العضوية المسؤولة عن الكلام واللغة .

**- الأسباب العصبية**

وهي المرتبطة بالجهاز العصبي المركزي وما يحدث لهذا الجهاز من تلـف أو إصابة قبل عملية الولادة أو أثنائها أو بعدها.

**- أسباب مرتبطة بالتنشئة الاجتماعية**

حيث تلعب التنشئة الاجتماعية دوراً كبيراً في حـدوث اضطرابات التواصـل نتيجة لتعرض الأطفال لضغوط نفسية وجسدية كالعقاب الجسدي من قبل الوالدين أو غيرهم .

- الأسباب المرتبطة بالإعاقات الأخرى

حيث تظهر اضطرابات التواصل كصفة ظاهرة عند الأفراد مـن ذوي الإعاقات العقلية.

## خصائص ذوي اضطرابات التواصل

### (١)الخصائص الاجتماعية والانفعالية

تظهر هذه الفئة من الأطفال ردود فعل انفعالية تبدو على شكل مستويات عالية من القلق والشعور بالذنب والإحباط والعدوان، هذا إلى جانب استجابات تصدر عـن الطفل بفعل اتجاهات الآخرين نحوه وتوقعاتهم منه والتي تتضمن الرفض والعزل أو الحماية الزائدة .

### (٢)الخصائص العقلية

لقد أشارت نتائج العديد من الدراسات إلى تدني ذوي اضطرابات التواصل على مقياس القدرة العقلية مقارنة مع العاديين المتناظرين في العمـر الزمني وفي الوقت الذي يصعب فيه تعميم مثل هذه الاستنتاجات، إلا أن ارتباط الاضطرابات اللغويـة بمظاهر الإعاقة العقلية، أو السمعية، أو صعوبات التعلم، أو الشلل الـدماغي يجعـل تلك الاستنتاجات صحيحة إلى حد ما، وعلى ذلك ليس مـن المسـتغرب أيضاً ملاحظة تدني أداء ذوي اضطرابات التواصل على اختبارات التحصيل الأكاديمي مقارنة بأقرانهم العاديين وخاصـة إذا أضـفنا تـأثير العوامـل النفسـية والاجتماعيـة في تـدني التحصيـل الأكاديمي لديهم .

### سابعاً: اضطرابات ضعف الانتباه

يعد اضطراب ضعف الانتباه والنشاط الزائد من أكثر الاضطرابات انتشاراً في مرحلة الطفولة حيث تصل نسبة انتشاره بين أطفال العـالم إلى (١٠%)، وفي المملكـة العربية السعودية تصل نسبة انتشاره إلى (١٦%) . كما أن نسبة هـذه الحالـة بيـن الذكور والإناث(٦ ) للذكور مقابل (١) للإناث .

ومع أن هذا الاضطراب يحدث في المراحل العمرية المبكرة، إلا أنه قليلاً مـا يتم تشخيصه لدى الأطفال في مرحلة ما قبل المدرسة، وهو ليس زيادة بسيطة في مسـتوى

النشاط الحركي، ولكنه زيادة ملحوظة جداً بحيث أن الطفل لا يستطيع أن يجلس بهدوء أبداً سواءً في غرفة الصف أو على مائدة الطعام أو في السيارة .

وكثيراً ما يوصف الطفل الذي يعاني من النشاط الزائد بالطفل السيئ أو الصعب أو الطفل الذي لا يمكن ضبطه، فبعض الآباء يزعجهم النشاط الزائد لدى أطفالهم فيعاقبونهم، ولكن العقاب يزيد المشكلة سوءاً، كذلك فإن إرغام الطفل على شيء لا يستطيع عمله يؤدي إلى تفاقم المشكلة.

إن هؤلاء الأطفال لا يرغبون في خلق المشكلات لأحد، ولكن جهازهم العصبي يساعد في ظهور الاستجابات غير المناسبة، ولذلك فهم بحاجة إلى التفهم والمساعدة والضبط، ولكن بالطرق الإيجابية، وإذا لم نعرف كيف نساعدهم فعلينا أن نتوقع إخفاقهم في المدرسة، بل ولعلهم يصبحون جانحين أيضاً، إضافة إلى أن هؤلاء الأطفال كثيراً ما يواجهون صعوبات تعليمية وبخاصة في القراءة، ولكن العلاقة بين النشاط الزائد وصعوبات التعلم ما تزال غير واضحة .

**أعراض ضعف الانتباه المصحوب بالنشاط الزائد:**

يظهر الأطفال الذين يعانون من هذا الاضطراب مجموعة من الأعراض والتي لا ينبغي أن تكون جميعها متوفرة فيهم، وأهمها :

- عدم الجلوس بهدوء والتحرك باستمرار.

- التهور.

- الملل المستمر.

- تغير المزاج بسرعة.

- سرعة الانفعال .

- الشعور بالإحباط لأتفه الأسباب.

- عدم القدرة على التركيز.

- التوقف عن تأدية المهمة قبل إنهائها بشكل مرضي.

- اللعب لفترة قصيرة بلعبة، والانتقال بسرعة من عمل إلى آخر.

- اللعب بطريقة مزعجة أكثر من بقية الأطفال.

- تشتت الانتباه بسهوله عند وجود أي مثير خارجي.

- وجود صعوبة في اتباع التعليمات المعطاة.

- التكلم في أوقات غير ملائمة، والإجابة على الأسئلة بسرعة دون تفكير.

- صعوبة في انتظار الدور.

- التشويش الدائم وإضاعة الأشياء الشخصية.

- تردي الأداء الدراسي.

- الاستمرار في الكلام و مقاطعة الآخرين.

**الأسباب:**

ما زالت أسباب هذا الاضطراب غير معروفة، إلا أن هناك دراسات تشير إلى :

- وجود اضطراب عند الطفل في المواد الكيماوية التي تحمل الرسائل إلى الدماغ .

- عوامل وراثية واضطراب في الكروموسومات .

بعض الدراسات الحديثة تشير إلى أن قلة النوم عند الطفل على المدى الطويل قد تكون سببا في هذه الحالة، وأخرى تشير إلى تردي الحالة النفسية والانفعالية للأم أثناء فترة الحمل بالطفل، أو طبيعة التنشئة الأسرية التي تتبع نظام التسامح الزائد أو الحماية المفرطة .

وتشير دراسات أخرى إلى أغذية الطفل التي تحتوي على المواد الحافظة والملونات والمشروبات الغازية.

## آثار هذا الاضطراب على الطفل:

يؤثر هذا الاضطراب على مدى تفاعل الطفل الاجتماعي مع الآخرين، فينفر منه أقرانه وينعته المعلم بالغبي مع أن مستوى ذكائه في المستوى الطبيعي أو أفضل من الطبيعي، وكذلك تطلق عليه الأسرة ألفاظاً كالطفل الشقي وغيرها، ونتيجة ذلك عادة ما تكون الثقة بالنفس لدى الطفل ضعيفة والسبب انه يخاصم داخل البيت، وفي المدرسة، ولا يرغب به بقية الأطفال، ويفشل في دراسته، ولا يستطيع الانجاز بالشكل الجيد المناسب. فتتكون لديه صورة سيئة عن نفسه وييأس من كونه قادراً على الإنجاز والأداء.

ويعاني أيضاً من اضطراب في المزاج مثل التقلب السريع للمزاج، والاكتئاب والقلق، وبعض الأحيان يختلط على الأطباء اضطراب المزاج مع اضطراب فرط الحركة وضعف الانتباه لكثرة ما يضطرب مزاج الطفل المصاب.

## دور الأسرة في العلاج:

إن أكثر الطرق استخداماً العقاقير الطبية المنشطة نفسياً وأساليب تعديل السلوك. وتتضمن العقاقير المستخدمة لمعالجة النشاط الزائد « الريتالين والدكسيدرين والسايلرت».

ومع أن هذه العقاقير منشطة نفسياً إلا أنها تحد من مستوى النشاط لدى الأطفال الذين يعانون من النشاط الزائد؛ وذلك بسبب اضطراب الجهاز العصبي المركزي لديهم، وبما أن النشاط الزائد غالباً ما ينخفض بشكل ملحوظ في بداية مرحلة المراهقة، فإن هذه العقاقير يمكن أن يتم إيقافها عندما يبلغ الطفل الثانية عشرة أو الثالثة عشرة.

## تعديل السلوك للطفل:

- الاسترخاء حيث يتم تدريب الأطفال على الاسترخاء العضلي التام في جلسة تدريبية منظمة على افتراض أن الاسترخاء يتناقض والتشتت والحركة الدائمة.

- التعاقد السلوكي « العقد السلوكي هو اتفاقية مكتوبة تبين الاستجابات المطلوبة من الطفل والمعززات التي سيحصل عليها عندما يسلك على النحو المرغوب فيه ويمتنع عن اظهار النشاطات الحركية الزائدة والتعزيز الرمزي ».

- التدعيم الإيجابي المادي واللفظي للسلوك المناسب ، وذلك بمنح الطفل مجموعة من النقاط عند التزامه بالتعليمات ، تكون محصلتها النهائية الوصول إلى عدد من النقاط تؤهله للحصول على مكافأة ، أو هدية .

- جدولة المهام ، والأعمال ، والواجبات المطلوبة ، وأوقات النوم والطعام واللعب ومشاهدة التلفاز ، والاهتمام بالإنجاز على مراحل مجزأة مع التدعيم والمكافأة المحددة وفي وقت معين.

- التدريب المتكرر على القيام بنشاطات تزيد من التركيز والمثابرة، مثل تجميع الصور ، وتصنيف الأشياء ( حسب الشكل / الحجم / اللون / .. ) ، والكتابة المتكررة ، وألعاب الفك والتركيب ، وغيرها .

- وضوح اللغة والتعليمات : والمعنى هنا أن يعرف الطفل ما هو متوقع منه بوضوح ودون غضب ، وعلى والديه ذكر السلوك اللائق والبديل عن السلوك غير المرغوب فيه .

- إتاحة الفرصة للطفل تفريغ الطاقة الموجودة لديه في أنشطة مثمرة هادفة ، عن طريق الرياضة والتمارين الحركية ، وتنمية ميوله الفنية .

**دور المدرسة في العلاج:**

هناك بعض المتطلبات التي يجب توفرها في البيئة الصفية والمدرسية، إضافة للأساليب المتبعة في التدريس نوردها على شكل نقاط ومنها:

- أن يكون الصف بعيدا عن الضوضاء، خاليا من الوسائل على الجدران .

- عند شرود ذهن الطفل على المعلم جذب انتباهه بمخاطبته باسمه أو التربيت على كتفه .

- أن يكون مقعد الطفل بعيدا عن الباب والنافذة .

- أن يكون مقعد الطفل قريبا من المعلم والسبورة .

- تقسيم العمل إلى وحدات صغيرة .

- أن يكون المكان الذي يجلس فيه الطفل بعيدا عن الطاولة التي يضع المعلم عليها الوسائل.

- السماح للطفل بممارسة الأنشطة الحركية داخل الصف مثل مسح السبورة أو توزيع الكتب .

- عندما يوجه المعلم سؤالا للطفل يطلب منه أن يأخذ ثلاثة أنفاس عميقة قبل الإجابة .

- تجنب إحباط الطفل عندما يجد صعوبة .

- إعطاء الطفل وقتا إضافيا خاصة في الاختبارات، لأن استجابته بطيئة .

- المحافظة على التواصل البصري مع الطفل أثناء إعطائه التعليمات الشفهية .

- تقسيم زمن الحصة إلى فترات عمل قصيرة .

- إزالة مخاوف الطفل وجعله يشعر بالطمأنينة .

- أن يوضح المعلم للطفل أن الناس يختلفون في المهارات التي يمتلكونها .

- تجنب انتقاد الطفل .

- تكليفه ببعض الأعمال البسيطة التي يستطيع النجاح فيها لتعزيز الثقة بنفسه .

- مساعدة الطفل على معرفة جانب القوة لديه .

- عدم إجبار الطفل على الجلوس بهدوء أو تركيز انتباهه على شيء مدة طويلة .

- تعزيز أي نجاح يحرزه الطفل ولو كان بسيطاً .

**ثامناً: الاضطرابات السلوكية** (Behavior Impairment) **وتسمى الإعاقة الانفعالية** (Emotional Impairment) **وتعرّف بأنها: واحدة أو أكثر من الخصائص التالية التي تظهر بشكل واضح لمدة زمنية طويلة مثل:** (Kauffman,1977)

(أ) عدم القدرة على بناء علاقات إيجابية مع الآخرين.

(ب) إظهار بعض السلوكات غير المرغوبة، أو مشاعر وعواطف غير عادية في ظروف ومواقف عادية.

(ج) شعور عام بالاكتئاب وعدم السعادة.

(د) الشكوى من أعراض جسمية، أو مخاوف ترتبط بالمدرسة أو الجسم.

(هـ) عدم القدرة على التعلم لا تعزى لعوامل عقلية أو حسية أو حركية.

إن الأطفال المضطربين انفعالياً يقومون بأفعال من شأنها أن تعيق قدرتهم أو قدرة من حولهم على القيام بوظائفهم بطريقة مناسبة. وغالباً ما يتم الحكم على السلوك الذي يظهره الشخص بأنه غير عادي أو منحرف عن العادي بناء على (تكراره، مدته، شكله، شدته). وتستخدم عدة مصطلحات أخرى في أدبيات التربية للإشارة إلى الاضطرابات الانفعالية منها:

(أ) الجنوح (Delinquency).

(ب) اضطرابات الشخصية (Personality Disorders).

(ج) الاضطرابات السلوكية (Behavior Disorders).

(د) سوء التوافق الاجتماعي (Social Maladjustment).

(هـ) السلوك غير التكيفي (Maladaptive Behavior).

ومن التعريفات الأكثر قبولاً للاضطرابات السلوكية والانفعالية الذي حصل على دعم كبير هو الذي طوره( بور) وأدخل في قانون تعليم الأفراد المعوقين، ويستخدم مصطلح الإعاقة الانفعالية في وصف هؤلاء الأطفال .

يعرف الأفراد المضطربين سلوكياً بأنهم: أولئك الأفراد الذين يظهرون اضطراباً في واحدة أو أكثر من المظاهر الآتية:

- عدم القدرة على التعلم ، والتي لا تعود لعدم الكفاية في القدرات العقلية أو الحسية أو العصبية أو الجوانب الصحية العامة .

- عدم القدرة على إقامة علاقات شخصية مع الأقران والمعلمين أو الاحتفاظ بها .

- ظهور السلوكات والمشاعر غير الناضجة وغير الملائمة ضمن الظروف والأحوال العادية.

- مزاج عام أو شعور عام بعدم السعادة أو الاكتئاب .

- النزعـة لتطوير أعراض جسـمية مثل : المشـكلات الكلاميـة ، والآلام، والمخـاوف، والمشكلات المدرسية .

**خصائص المضطربين سلوكياً**

**(١)الخصائص الاجتماعية:**

**أ- السلوك العدواني :**

يعتبر أهم سمة تميز الأفراد المضطربين انفعالياً . وتبدو أشكال السلوك العدواني في :

❖ العدوان اللفظي .

❖ العدوان المادي .

❖ الصراخ في وجه الآخرين .

❖ شد شعر الآخرين .

❖ سلوك العناد .

❖ النشاط الزائد .

❖ إيذاء الذات وإثارتها .... الـخ .

**ب- السلوك الانسحابي :**

يظهر الكثير من الأشخاص المضطربين سلوكياً انسحاباً من المواقف الاجتماعية والعزلة والاستغراق في أحلام اليقظة والكسل والخمول .

إن مثل هـؤلاء الأشخاص لا يستجيبون لمبـادرات الآخرين ولا ينظرون إلى الأشخاص الذين يتكلمون معهم، ولا يكونون صداقات بسبب افتقارهم للمهارات الاجتماعية المناسبة لفعل ذلك، وهم لا يمثلون أي تهديد لغيرهم من الأشخاص .

**(٢)الخصائص العقلية والأكاديمية:**

يعتقد العديد من الباحثين أن الأطفال المضطربين سلوكياً يمتلكون قدرات عقلية مرتفعة . غير أن العديد من البحوث والدراسات أكدت خطأ هذا الاعتقاد . ويقدر ذكاء الأطفال ذوي الاضطرابات السلوكية بحوالي ( ٩٠ ) وأن القليل منهم هو الذي يتمتع بقدرات عقلية أعلى من المتوسط، هذا بالإضافة إلى أن الأطفال المضطربين سلوكياً يعانون من مشكلات تعليمية مختلفة وتدني التحصيل الأكاديمي .

**أسباب الاضطرابات السلوكية والانفعالية:**

- المجال الجسمي والبيولوجي .
- مجال العائلة أو الأسرة .
- مجال المدرسة .
- مجال المجتمع وتكون الأسباب عادة متداخلة فيما بينها ومتعددة .

ولا يخفى مدى تأثير الاستعداد الوراثي للميل إلى العنف لظهور هذه الاضطرابات، فهي تظهر بشكل أكبر لدى أطفال من آباء يعانون من وجود شخصية معادية للمجتمع، فهؤلاء الأطفال يظهرون ميلاً للتأثر بأفلام العنف أكثر من غيرهم، وتزداد معدلات ظهور هذه الاضطرابات في الأطفال ذوي الذكاء الأقل والقدرات المحدودة مقارنة برفاقهم ممن يعانون من مشكلات أو إعاقات صحية، وما يجب التأكيد عليه في هذا المقام هو الاهتمام من الأم بطفلها خاصة لكيفية إمضائها للوقت الممنوح للطفل، وليس كمية هذا الوقت.

**تاسعاً: الاضطرابات الكلامية واللغوية (*Speech – Language Disorders*)**

قال تعالى ﷻ ( والله أخرجكم من بطون أمهاتكم لا تعلمون شيئاً وجعل لكم السمع والأبصار والأفئدة لعلكم تشكرون ). ( النحل آية ٧٨ )، وقال تعالى ﷻ : ( ثمّ سواه ونفخ فيه من روحه وجعل لكم السمع والأبصار والأفئدة قليلاً ما تشكرون ). ( السجدة آية ٩ )، وقد تصاب هذه النعمة بخلل أو اضطراب يجعل الفرد غير قادر على التواصل بكفاءة مع الآخرين. ونعني بالتواصل تلك العملية الفنية الشاملة التي تتضمن تبادل الأفكار والمشاعر

بين الأفراد بشتى الوسائل والأساليب مثل: الإشارات، وتعبيرات الوجه، وحركات اليدين، والتعبيرات الانفعالية. أما اللغة فهي عبارة عن نظام من الرموز يتفق عليه في ثقافة معينة أو بين أفراد فئة معينة، ويتسم هذا النظام بالضبط والتنظيم، وبالتالي تعد اللغة إحدى وسائل التواصل ( منطوقة – مكتوبة – لغة إشارة – لغة العيون – لغة الأصابع – لغة الجسم ).

ويعرف الكلام بأنه: **الجانب الشفهي أو المنطوق والمسموع من اللغة، وهو الفعل الحركي لها.**

وحتى يكتسب الطفل اللغة بطريقة سليمة لابد من توافر عدة شروط من أهمها:

١. سلامة الجهاز العصبي المركزي ( الدماغ ) ، وأجهزة النطق ، والأجهزة التي لها اتصال مباشر بهذا الجهاز ومن أهمها جهاز السمع.

٢. المثيرات البيئية والتي تثير حاسة السمع عند الطفل ، وتعمل على بناء قدرات الطفل اللغوية.

### ◼ عيوب واضطرابات في اللغة

١- أطفال لم تنمُ لديهم أي لغة لفظية.

٢- اضطرابات في الكفاءة اللغوية.

٣- الأطفال المتأخرون في الكلام.

٤- الأطفال المعاقون لغوياً.

■ **اضطرابات النطق**

وهي المشكلات التي يواجهها الفرد أثناء استخدامه لجهازه الكلامي وقد يكون سببها عضوي كوجود عيب خلقي، أو إصابة أحد أعضاء الجهاز الكلامي (الشفة المشقوقة الأرنبية) - ( تشوه في الأسنان ) - ( طول اللسان - قصر في اللسان - انعقاد اللسان) - ( شق في سقف الحنك الرخو - شق في سقف الحنك الصّلب ).

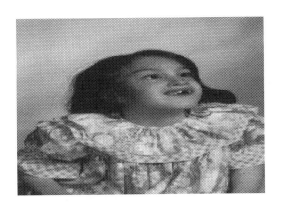

**من أعراضها:**

**١- الحذف    Omission:**

يقوم الطفل بحذف حرف أو أكثر من الكلمة وذلك مثل : أن ( ينطق الطفل مك بدلاً من سمكة ، كت مك بدل من أكلت سمك ).

**٢- التحريف ( التشويه )    Distortion :**

ويعني نطق الصوت بطريقة تقترب من الصوت العادي إلا أنه لا يماثله تماماً، أي يتضمن بعض الأخطاء ، وغالباً ما يظهر في أصوات بعض الحروف مثل   ( س - ش ) حيث ينطق مصحوباً بصفير طويل أيضاً ( مدرسة تنطق مدرثة ) ( ضابط تنطق ذابط ).

**٣- الإبدال    Substitution:**

وفيه يقوم الطفل بتبديل حرف بحرف آخر من حروف الكلمة، أي أن ينطق الطفل صوت حرف بدل من آخر عند الكلام، ومن أمثلة ذلك نطق بعض الكلمات والتي تمت بها عملية الإبدال : ( تلت سمك بدل من أكلت سمك - دبنة بدل من جبنه – ساى بدل من شاي).

**٤- الإضافة Addition:**

ويتضمن إضافة صوت حرف زائد أو أكثر إلى الكلمة، وقد يسمع الصوت الواحد كأنه يتكرر مثال ذلك : (سصباح الخير- سسلام عليكم ).

■ **اضطرابات في طلاقة الكلام ( اللجلجة )**

وهي تعني اضطراب في الكلام المسترسل، أو توقف لا إرادي أثناء عملية الكلام. ويظهر في شكل سلوكات رئيسة لدى المصاب مثل:

- تكرار مقطع من مقاطع الكلمة الواحدة.

- إطالة الشخص صوتاً أو عدداً من الأصوات.

الأسباب:

- ☒ اضطراب في تيار النبضات الواصل من  المخ إلى اللسان.
- ☒ انفصال الأب عن الأم.
- ☒ قدوم مولود جديد في الأسرة ينافسه في اهتمامات العائلة.
- ☒ غياب الوالد لفترة طويلة.

- **اضطرابات الصوت**

وتعني أي خلل أو تغيير في مظاهر الصوت كالتغير في تردد الصوت، أو شـدته، أو طبيعته ( الخشونة ) أو فقدان الصوت لمدة قد تصل إلى أسبوعين، ومشكلات الصوت قد تكون عضوية أو وظيفية. (نبوي، دون تاريخ)

**عاشرا: الموهوبون والمتفوقون *Giftedness***

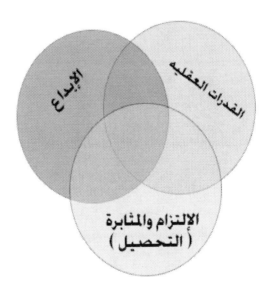

يمكن أن تظهرالموهبة لدى الأطفال من خلال مميزات عديدةوفقاً لطبيعتهم ومجال تفوقهم،إلا أن هناك دلائل مميزةيدل وجودهاعلى التفوق والموهبة في هذا المجال المعين ، أو

على التفوق الفكري العام. وعادة يبدي الطفل الموهوب درجة عالية من الفضول وذلك في مجالات مختلفة حيث يكثر من طرح الأسئلة، ومن البحث في بيئته المجاورة بنفسه، كما أنه يخصص ساعات طويلة للبحث في مجال واحد (في مجال عملي، مثل: الموسيقى أو الرياضة، أو في مجال نظري مثل: قراءة الكتب، أو التوسع الخاص في مجال علمي يتعلمه)، وهذه الدلائل تدل على الموهبة وميول بارزة نحو هذا المجال، طالما ينبع البحث في هذا المجال من رغبة الطفل واختياره وليس اضطرارياً.

ويرى(جاردنر) أن الموهبة ترتكز على الذكاءات المتعددة ومن خلال درا ستة وصل إلى ثماني ذكاءات كما تظهر الشكل التالي :

وقد أثبتت نتائج الأبحاث التي تناولت طريقة التفكير، وطريقة التعلم لدى الموهوبين بأن أفضليتهم لا تتلخص في القدرة على تعلم مادة معينة في فترة قصيرة وحسب، إنما في طريقة فهم المادة المستوعبة وهضمها أيضاً.

إن طريقة تفكير الموهوبين تختلف عن غيرهم، حيث نرى وجود فروق بين الطلاب الموهوبين ذاتهم، وبالرغم من هذه الفروق يمكننا أن نميز بشكل عام أن نصنف طريقة تفكير الموهوبين كطريقة متعددة المجالات أكثر من سواهم، حيث يمكنهم بناء علاقات أكثر بين المعلومات الجديدة والقائمة، وأن يلقوا بطريقة تفكير من مجال معين إلى آخر، وأن يستغلوا المعرفة المكتسبة بطريقة أنجع.

كما أن الاختلاف بطريقة التفكير والاستيعاب يلزم وجود طريقة تعليم ملائمة، ومحتويات تعليمية وتأهيل للمعلمين، بحيث يتمكنوا من استخلاص أفضل النتائج من القدرات الكامنة في داخل هؤلاء الأطفال.

## خصائص الموهوبين

### (أ) خصائص عامة

١- يتعلمون القراءة مبكراً (قبل دخول المدرسة أحياناً) مع حسن الاستيعاب للغة، ويقرؤون بسرعة وسهولة ولديهم ثروة مفردات كبيرة.

٢- يتعلمون المهارات الأساسية أفضل من غيرهم وبسرعة ويحتاجون فقط إلى قليل من التمرين.

٣- أفضل من أقرانهم في بناء الفكر والتعبير التجريدي واستيعابه.

٤- أقدر على تفسير التلميح والإشارات من أقرانهم.

٥- لا يأخذون الأمور على علاّتها، غالباً ما يسألون كيف؟ ولماذا؟

٦- لديهم القدرة على العمل معتمدين على أنفسهم من سن مبكرة ولفترة زمنية أطول.

### (ب) خصائص إبداعية (ابتكارية)

١- مفكرون سلسون فصحاء قادرون على التصور لعدد من الاحتمالات والنتائج والأفكار التي لها علاقة بالموضوع المطروح للنقاش.

٢- مفكرون مرنون قادرون على طرح بدائل واختيارات واقتراحات عند اشتراكهم في حلول المشكلات.

٣- تجد لديهم القدرة والإبداع والربط بين المعلومات والأشياء والأفكار والحقائق التي تبدو وكأن ليس لها علاقة ببعضها.

٤- مفكرون مجتهدون وجادون في البحث عن الجديد من الخطوات والأفكار والحلول.

٥- لديهم الرغبة وعدم التردد في مواجهة المواقف الصعبة والمعقدة ويبدون نجاحاً في إيجاد الحلول للمواقف الصعبة.

## (ج) الخصائص التعليمية

١- يتصفون بقوة الملاحظة لكل ما هو مهم وكذلك رؤية التفاصيل المهمة.

٢- غالباً ما يقرؤون الكتب والمجلات المعدة للأكبر منهم سناً.

٣- يستمعون كثيراً بالنشاطات الفكرية.

٤- لهم القدرة على التفكير التجريدي وابتكار وبناء المفاهيم.

٥- لهم نظرة ثاقبة لعلاقات الأثر والمؤثر.

٦- محبون للنظام والترتيب في حياتهم العامة.

٧- قد يستاءون من الخروج على الأنظمة والقواعد.

٨- عندهم حب الأسئلة لغرض الحصول على المعلومات كما هي لقيمتها الاستعمالية.

٩- عادة ما يكونون ناقدين مقيمين وسريعين في ملاحظة التناقض والتضارب في الآراء والأفكار.

١٠- عندهم القدرة على الإلمام بكثير من المواضيع واسترجاعها بسرعة وسهولة.

## (د) الخصائص السلوكية

١- لديهم الرغبة لفحص الأشياء الغريبة، وعندهم ميل وفضول للبحث والتحقيق.

٢- تصرفاتهم منظمة ذات هدف وفعالية وخاصة عندما تواجههم بعض المشكلات.

٣- لديهم الحافز الداخلي للتعلم والبحث وغالباً ما يكونون مثابرين ومصرـين عـلى أداء واجباتهم بأنفسهم.

٤- يستمتعون بتعلم كل جديد وعمل الأشياء بطريقة جديدة.

٥- لديهم القدرة على الانتباه والتركيز أطول من أقرانهم.

٦- أكثر استقلالية وأقل استجابة للضغط من زملائهم.

٧- لديهم القدرة على التكيف من عدمه مع الآخرين حسب ما تقتضيه الحاجة.

٨- ذوو أخلاق عالية وتذوق للجمال والإحساس به.

## البرامج التربوية للموهوبين

### (١) الإثراء Enrichment

وهو تزويد الطفل الموهوب بنوع جديد من الخبرات التعليمية تعمل عـلى زيادة خبرته في البرنامج التعليمي. ويقسم الإثراء الى نوعين :

- الإثراء الأفقي : وهـو تزويـد الموهـوب بخبرات غنيـة في عـدد مـن الموضوعات المدرسية.

- الإثراء العمودي : وهو تزويد الموهوب بخبرات غنية في موضوع ما من الموضوعات المدرسية .

### (٢) الإسراع Acceleration

وهو العمل على توفير الفرص التربوية التي تسهل التحاق الطفل الموهوب بمرحلة تعليمية ما في عمر أقل من نظرائه من الأطفال العاديين، أو اجتيازه لمرحلة تعليمية ما في مدة زمنية أقل من المدة التي يحتاجها الطفل العادي.

حادي عشر: التوحد *Autism*

منذ تعرف العالم ليوكانر ( *LEO KANNER* ) عام ١٩٤٣م على إعاقة التوحد وتصنيفها كإعاقة مختلفة عن التخلف العقلي أو( الشيزوفرينيا) وغيرها. وحتى وقت قريب لم يحصل المصابون بها على خدمات متكاملة تحقق لهم الاندماج الطبيعي في مجتمعاتهم أسوة بأقرانهم من أصحاب ذوي الحاجات الخاصة، وخاصة في وطننا العربي.

وللتعرف على هذه الحاجات لابد من الاشتراك في فهم التعريف العلمي لهذه الفئة ونعرض هنا موجزا للصفات والتعريفات والتي يمكن الرجوع إليها في المرشد الأمريكي وطبقاته المنقحة (DSM و ICD IU )أو التعريفات التي قدمتها جمعيات التوحد العالمية المعنية .

يعرف التوحد بأنه: حالة من حالات الإعاقة المتطورة، وهي تعوق بشكل كبير طريقة استيعاب المخ للمعلومات ومعالجتها، كما أنها تؤدى إلى مشكلات في اتصال الفرد بمن حوله، واضطرابات في اكتساب مهارات التعلم والسلوك الاجتماعي.

وتظهر إعاقة التوحد بشكل نمطي خلال السنوات الثلاث الأولى من عمر الطفل لكل حوالي( ١٥-٢٠ مولوداً / ١٠.٠٠٠)، وتفوق نسبة إصابة الأولاد أربع مرات نسبة إصابة البنات. ويحيا الأشخاص المصابون بهذا النوع من الإعاقة حياة طبيعية وتجدها منتشرة في جميع بلدان العالم وبين كل العائلات بجميع طوائفها العرقية والاجتماعية.

**الأسباب المؤدية إلى التوحد**

لا يوجد سبب معروف لهذا النوع من الإعاقة، إلا أن الأبحـاث الحاليـة تعـزو أسبابه إلى :

-الاختلافات البيولوجية والعصبية للمخ .لكـن الأعـراض التـي تصـل إلى حـد العجـز وعدم المقدرة على التحكم في السلوك والتصرفات يكون سببها خلل ما في أحـد أجـزاء المخ .

- أسباب جينية، لكن لم يحدد الجين الذي يرتبط بهذه الإعاقة بشكل مباشر .

- يظهر التوحد بين هؤلاء الذين يعانون من مشكلات صحية أخرى مثل :

*-Fragile X Syndrome*

*-Tuberous Sclerosis*

*-Congenital Rubella Syndrome*

*-Phenylketonuria*

-تناول العقاقير الضارة أثناء الحمل .

- وهناك جدل آخر حول العلاقة بين فاكسين (M.M.R) والإصابة بإعاقة التوحد.

-وقد يولد الطفل به أو تتوافر لديه العوامل التي تساعد على إصابته به بعد الولادة ولا يرجع إلى عدم العناية من جانب الآباء .

**أعراض التوحد**

علامات الإصابة بإعاقة التوحد:

- تكرار الكلام والتكلف فيه.

- الصوت يكون غير معبر، ولا يعكس أياً من الحالات الوجدانية أو العاطفية.

- تمركز الحديث عن النفس.

## تشخيص التوحد

لا توجد اختبارات طبية لتشخيص حالات التوحد، ويعتمد التشخيص الدقيق الوحيد على الملاحظة المباشرة لسلوك الفرد، وعلاقاته بالآخرين، ومعدلات نموه. ولا مانع من اللجوء في بعض الأحيان إلى الاختبارات الطبية؛ لأن هناك العديد من الأنماط السلوكية التي يشترك فيها التوحد مع الاضطرابات السلوكية الأخرى. ولا يكفى السلوك بمفرده، بل مراحل نمو الطفل الطبيعية مهمة للغاية، فقد يعاني أطفال التوحد من :

-تخلف ذهني.

-اضطرابات سلوكية.

-مشكلات سمعية.

-سلوك فظ .

## أدوات التشخيص

يبدأ التشخيص المبكر بملاحظة الطفل من سن (٢٤) شهراً حتى ستة أعوام وليس قبل ذلك، وأول هذه الأدوات :

١. أسئلة الأطباء للآباء عما إذا كان طفلهم :

- لم يتفوه بأيه أصوات كلامية حتى ولو غير مفهومة في سن (١٢) شهراً. لم تنمو عنده المهارات الحركية ( الإشارة- التلويح باليد - إمساك الأشياء) في سن( ١٢) شهرا.

- لم ينطق كلمات فردية في سن ( ١٦) شهراً.

- لم ينطق جملة مكونة من كلمتين في سن (٢٤) شهراً .

- عدم اكتمال المهارات اللغوية والاجتماعية في مراحلها الطبيعية .

لكن هذا لا يعنى في ظل عدم توافرها أن الطفل يعانى من التوحد، لأنه لابد وأن تكون هناك تقييمات من جانب متخصصين في مجال الأعصاب، الأطفال، الطب النفسي، التخاطب، التعليم.

**2. مقياس مستويات التوحد لدى الأطفال (*Cars*):**

ينسب إلى "إيريك سكوبلر - ***Eric schopler*** "في أوائل السبعينات ويعتمد على ملاحظة سلوك الطفل بمؤشر يتكون من ( ١٥ ) درجة ويقيّم المتخصصون سلوك الطفل من خلال :

-علاقته بمن حوله .

-التعبير الجسدي .

-التكيف مع التغيير .

-استجابة الاستماع لغيره.

-الاتصال الشفهي .

**٣. قائمة التوحد للأطفال عند (١٨) شهراً (Chat) :**

تنسب إلى العالم"سيمون بارون كوهين - ***Simon Baron-Cohen*** "في أوائل التسعينات وهي لاكتشاف ما إذا كان يمكن معرفة هذه الإعاقة في سن ١٨ شهراً، ومن خلالها توجه أسئلة قصيرة من قسمين القسم الأول يعده الآباء والثاني من قبل الطبيب المعالج .

**٤ .استطلاع التوحد :**

يتكون من ( ٤٠) سؤالاً لاختبار الأطفال من سن ( ٤ ) أعوام وما يزيد لتقييم مهارات الاتصال والتفاعل الاجتماعي.

**٥. اختبار التوحد للأطفال في سن عامين :**

ينسب إلى" ويندى ستون - ***Wendy Stone*** " حيث يستخدم فيه الملاحظة المباشرة للأطفال تحت سن عامين على ثلاثة مستويات والتي تتضح في حالات التوحد :اللعب - التقليد) قيادة السيارة أو الدراجات البخارية - (الانتباه المشترك) .

**علاج التوحد**

لا توجد طريقة أو دواء بعينه بمفرده يساعد في علاج حالات التوحد، لكن هناك مجموعة من الحلول مجتمعة مع بعضها اكتشفتها عائلات الأطفال المرضى والمتخصصون، وهى حلول فعالة في علاج الأعراض والسلوكات التي تمنعهم من ممارسة حياتهم بشكلها الطبيعي. وهو علاج ثلاثي الأبعاد: نفسي واجتماعي ودوائي.

وفي الوقت الذي لا يوجد فيه عقار محدد أو فيتامين أو نظام غذائي معين يستخدم في تصحيح مسار الخلل العصبي الذي ينتج عنه التوحد، فقد توصل الآباء والمتخصصون بأن هناك بعض العقاقير المستخدمة في علاج اضطرابات أخرى تأتى بنتيجة إيجابية في بعض الأحيان في علاج بعض من السلوك المتصل بالتوحد. كما أن التغيير في النظام الغذائي والاستعانة ببعض الفيتامينات والمعادن يساعد كثيراً ومنها فيتامينات ***B6&B12*** كما أن استبعاد الجلوتين (***Gluten***) والكازين (***Casein***) من النظام الغذائى للطفل يساعد على هضم أفضل واستجابة شعورية في التفاعل مع الآخرين، لكن لم يجمع كل الباحثين على هذه النتائج.

**١. العلاج الدوائي:**

يوجد عدد من الأدوية لها تأثير فعال في علاج سلوك الطفل الذي يعانى من التوحد ومن هذا السلوك:

- فرط النشاط.

- قلق.

- نقص القدرة على التركيز.

- الاندفاع.

والهدف من الأدوية هو تخفيف حدة هذا السلوك حتى يستطيع الطفل أن يمارس حياته التعليمية والاجتماعية بشكل سوى إلى حد ما وعند وصف أي دواء للآباء لابد من ضمان الأمان الكامل لأبنائهم:

- كم عدد الجرعات الملائمة؟

- أي نوع يتم استخدامه: حبوب أم شراب؟

- ما هو تأثيره على المدى الطويل؟

- هل يوجد له أية آثار جانبية؟

- كيف تتم متابعة حالة الطفل لمعرفة ما إذا كان هناك تقدم من عدمه؟

- ما هو مدى تفاعله مع العقاقير الأخرى أو النظام الغذائي المتبع؟

مع الوضع في الاعتبار أن كل طفل له تكوينه الفسيولوجي الذي يختلف عن الآخر وبالتالي تختلف استجابته للدواء أو العقار.

**الفيتامينات و المعادن:**

أظهرت نتائج بعض الدراسات أن بعض الأطفال يعانون من مشكلات سوء امتصاص الأطعمة، ونقص في المواد الغذائية التي يحتاجها الطفل نتيجة لخلل في الأمعاء والتهاب مزمن في الجهاز الهضمي؛ مما يؤدى إلى سوء في هضم الطعام وامتصاصه، بل وفي عملية التمثيل الغذائي ككل.

لذلك نجد مرضى التوحد يعانون من نقص في معدلات بعض الفيتامينات منها:(A، B1، B3، B5) وبالمثل البيوتين، السلنيوم، الزنك، الماغنسيوم، في حين يوصى بتجنب تناول الأطعمة التي تحتوى على نحاس على أن يعوضه الزنك لتنشيط الجهاز المناعي. وتوصي أيضاً بعض الدراسات الأخرى بضرورة تناول كميات كبيرة من الكالسيوم، ومن أكثر الفيتامينات شيوعاً في الاستخدام للعلاج هو فيتامين (B) والذي يلعب دوراً كبيراً في خلق

الإنزيمات التي يحتاجها المخ، وفي حوالي عشرين دراسة تم إجراؤها ثبت أن استخدام فيتامين (B) والماغنسيوم الذي يجعل هذا الفيتامين فعالاً ويحسن من حالات التوحد والتي تتضح في السلوك الآتي:

- الاتصال العيني.

- القدرة على الانتباه.

- تحسن في المهارات التعليمية.

- تصرفات معتدلة إلى حد ما.

هذا بالإضافة إلى الفيتامينات الأخرى مثل فيتامين "ج" والذي يساعد على مزيد من التركيز ومعالجة الإحباط - ولضبط هذه المعدلات لابد من إجراء اختبارات للدم فقد تؤذى النسب الزائدة البعض ويكون لها تأثير سام وقد لا تكون كذلك للحالات الأخرى.

## تكنولوجيا التعليم لمرضى التوحد

أطلق مركز بحوث التوحد التابع لجامعة كامبردج البريطانية سلسلة من الرسوم المتحركة الموجهة للصغار من مرضى التوحد، حيث يأمل الباحثون من المركز بأن تساهم تلك الأفلام في مساعدة هؤلاء الأطفال على قراءة تعابير وجوه الأشخاص . ومن المعلوم أن طفل التوحد يتجنب النظر في وجوه الآخرين، كما أنه يجد صعوبة في تفسير إيماءات الوجه والتي تعبر عن مشاعر الحزن أو الفرح أو غيرها، فهو لا يستطيع تفسير الوجوه عند النظر إليها .

وتعتمد فكرة السلسلة الكرتونية التي أنتجت بمساهمة شركة كاتاليست بيكتشرز المختصة في مجال الرسوم المتحركة على ميل طفل التوحد إلى وسائط النقل التي تعمل بشكل ميكانيكي ويسهل توقع حركتها مثل :القطار، والسيارة، والقطار، لتشكل هذه الوسائط الشخصيات الثماني التي يرتكز عليها العمل الكرتوني والذي يتألف من خمسة عشرة حلقة .

وقدُ منحت كل شخصية في العمل وجهاً بشرياً حقيقياً من خلال الاستعانة بالتقنيات الحديثة، ليغدو بإمكانها أن تظهر إيماءات تعبر عن انفعالات مختلفة مثل: الحزن والفرح، الأمر الذي سيساعد الطفل على قراءة وجوه الأشخاص، .ويعقب عرض كل مجموعة من المشاهد في الحلقة الواحدة من تلك الرسوم المتحركة اختبار بسيط موجهاً للطفل يطلب من خلاله اختيار الوجه الحزين أو الفرح، وذلك بعد تعريفه بمعاني تلك الكلمات من خلال وجوه شخصيات العمل الكرتوني .

فمثلاً يظهر له القطار الذي يحمل وجهاً بشرياً حزيناً مع مراعاة إعطاء انطباعات قوية من خلال عضلات الوجه، ومن ثم يطرح عليه سؤال يتضمن صورتين لشخصية أخرى من العمل بحيث يظهر أحد الوجهين تعبيرات الحزن فيما يبدي الوجه الآخر إيماءات الفرح، ويطلب إلى الطفل تحديد الوجه الحزين منهما .

وحسب ما أوضح القائمون على هذا المشروع، فإن الأطفال المصابين بالتوحد والذين شاهدوا هذا العمل مدة خمسة عشر دقيقة يومياً لأربعة أسابيع، أبدوا تطوراً ملحوظاً فيما يتعلق بقدرتهم على قراءة الانفعالات التي تبديها الوجوه على نحو يقارب نظراءهم من الأطفال الآخرين .

ونقلاً عن هؤلاء القائمين فقد هدف العمل إلى تعريف الطفل كذلك بإيماءات

الوجه التي تعبر عن حالات شعورية أكثر تعقيداً مثل المرح، والقلق والإحساس بالإثارة وغيرها.

ويأمل الباحثون بأن يتمكنوا من نشر هذه الأداة التعليمية بين شريحة واسعة من الأطفال المستهدفين، فهم يقومون حالياً بتوزيع ٤٠٠ ألف نسخة رقمية من هذا العمل مجانا على الآباء والمربين الذين يتعاملون مع الأطفال المصابين بهذا المرض الغامض.

**ثاني عشر: ذوي متلازمة داون (Down Syndrome)**

**ما هي متلازمة داون؟**

متلازمة داون عبارة عن مرض خَلقي، أي أن المرض عند الطفل منذ الولادة و أن المرض كان لديه منذ اللحظة التي خلق فيها. و هو ناتج عن زيادة في عدد الصبغات (الكروموسومات). والصبغات هي عبارة عن عصيات صغيرة داخل نواة الخلية، تحمل هذه الصبغات في داخلها تفاصيل كاملة لخلق الإنسان، فيحمل الشخص العادي-ذكراً كان أو أنثى (٤٦ ) صبغة، وهذه الصبغات تأتي على شكل أزواج، فكل زوج فيه صبغتين (أي٢٣ زوج أو ٤٦ صبغية) .هذه الأزواج مرقمة من واحد إلى اثنين و عشرين، بينما الزوج الأخير(الزوج٢٣) لا يُعطى رقماً بل يسمى الزوج المحدّد للجنس.ويرث الإنسان نصف عدد الصبغات (٢٣) من أمه، والبقية من أبيه.

اكتشف العالم الفرنسي ليجون عام ١٩٥٩م أن متلازمة داون ناتجة عن زيادة نسخة من كروموسوم رقم (٢١) أدت إلى أن يكون مجموع الكروموسومات في الخلية الواحدة(٤٧ ) كروموسوماً بدلاً من العدد الطبيعي(٤٦).

إن كلمة متلازمة تعني مجموعة من الأعراض أو العلامات، و هي مأخوذة من كلمة "لزم الشيء" أي إذا وجدت ارتخاء في العضلات ، أو تفلطح في الوجه مع عيوب خلقية في

القلب فانه "يلزم"، أو أن يوجد صغر في حجم الأذان، أو خط وحيد في كف اليد، أوصغر في اليدين و غيرها. وهذه الأوصاف كلها مجتمعة إذا تكررت في أكثر من طفل بنفس أو قريبة من هذه الأعراض عرفة بأنها متلازمة، أعطي لها اسم مخصص كمتلازمة داون أو متلازمة ادوارد و غيرها. و المتلازمة هي في الحقيقة كلمة مرادفة لكلمة "مرض" أو "حالة"، فنستطيع أن نقول تجاوزاً "مرض داون" أو "حالة داون".

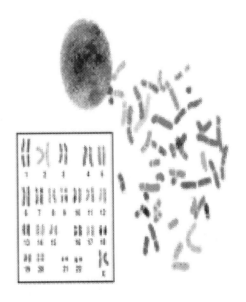

و كلمة "داون" هي اسم الطبيب البريطاني جون داون و الذي يعتبر أول طبيب وصف هذا المرض عام١٨٦٦م، حيث اكتشف أن سببها هو زيادة في كروموسوم (٢١).

إن من لديهم متلازمة داون يعانون من إعاقات عقلية (تأخر عقلي أو ذهني)، و لكن قد تتفاوت شدتها بين طفل و آخر، مع أن معظم الأطفال في المستوى المتوسط من الشدة، وللأسف قد يكون من الصعب إن لم يكن من المستحيل معرفة شدة الإصابة عند الولادة أو في الأشهر الأولى من العمر لا بالمظهر الخارجي للطفل و لا بالتحاليل، ولكن يمكن أن تتضح الصورة بعد السنة الأولى أو الثانية من العمر و ذلك بمراقبة مهارات النمو.

جميع من لـديهم متلازمـة داون يتشـابهون في تقاسـيم وجوههم و في بنيـة أجسـامهم، و لكـن لـو دققنـا النظـر لوجدنـا أن هنـاك فروقـات بالقـدر الـذي فيـه تشابه.ولا شك أن كل طفل لديه متلازمة داون يأخذ بعض الأشباه من أبويه و أقاربه، و لذلك لو دققنا النظر لوجدنا أن هناك بعض الصفات موجودة في الطفل أو أبويه. يتساءل بعض الآباء إذا ما كان هناك علاقة بين عدد التقاسيم و الأعراض التي توجد في الطفـل و احـتمال أن تكـون هنـاك شـدة في مسـتوى الإعاقـة العقليـة.و لكـن في الحقيقة من المستحيل التخمين بالمستوى العقلي لطفل في مراحل عمرة الأولى و هذه الأعراض و الملامح  لا يعول عليها كثيرا.

يتأخر الطفل الذي لدية متلازمة داون في اكتساب جميع المهارات الإنمائية (الحركية، و العقلية، و النطق و التخاطب) مقارنـة بأقرانـه العاديين، ففـي العـادة يجلس الطفل بعد إكماله السنة الأولى مـن العمـر و لا يسـتطيع المشي- إلا في السـنة الثالثة من العمر. ولكن هناك فروقات في الأوقات التي يكتسب فيها أطفال متلازمـة داون بين بعضهم البعض كما هو الحال في الأطفال الطبيعيين.فهناك مـن يجلس أو يمشي في وقت أبكر أو أكثر تأخرا من الآخرين.وقد يكون عدد الأمراض و الالتهابات، ومدى الاهتمام بتنمية المهارات عن طريق التدخل المبكر لها دور في تأخر أو تحفيز نمو المهارات بشكل أفضل.

- **أعراض متلازمة داون**

- ارتخـاء(ليونـة)في العضـلات مقارنـة بالأطفـال العـاديين، في العـادة يتحسـن الارتخاء مع تقدم العمر مع أنها لا تختفي بشكل كامل.

- يكون وزن الطفل عند الولادة أقل من المعدل الطبيعي، كذلك الشأن بنسـبة لطول القامة و محيط الرأس. كما أن الطفل يزيد وزنه ببطء إذا كانت هناك صعوبات أو مشكلات في الرضاعة.

- في كثير مـن الأحيـان يكـون اتجـاه طـرف العـين الخـارجي إلى أعـلى، وفتحـة العينين صغيرتين. كما يكثر و جود زائدة جلدية رقيقة تغطي جزء مـن زاويـة العـين القريبـة مـن الأنـف، و قـد تعطـي إحساساً بأن الطفل لديـه حَـوَلْ، لكـن هـذا الحـول في كثـير مـن الأحيـان يكـون حـولاً كاذباً بسبب وجود هـذه الزائـدة الجلديـة، لكن يجـب دائمـاً استشـارة طبيـب العيـون المتخصص.

- قد يكون الجزء الخلفي من الرأس مسطحاً، و بذلك تضيق استدارة الرأس فيصبح الرأس على شكل مربع أكثر منه إلى دائرة.

- بعض الأطفال لديهم خط واحد في كف اليد بدلاً من الخطوط المتعددة. كما أن الأصابع في العادة أقصر من الطبيعي. و في كثير من الأحيان تجدين أن الأطباء يكثرون من النظر إلى كف اليد ليتفحصوا تلك الخطوط.

إن جميع الأطفال بشكل عام مختلفون عن بعضهم البعض.كذلك الأمر بالنسبة لأطفال متلازمة داون.وهذا يعني أنه في بعض الأحيان يسهل التعرف على الطفل الذي لديه متلازمة داون بعد الولادة مباشرة.ولكن في بعض الأوقات قد يكون الأمر صعباً.و قد يحتاج الطبيب الانتظار إلى أن تظهر نتائج فحص الكروموسومات قبل تأكيد الحالة.و لكن الطبيب الذي لديه خبرة في كثير من الأحيان يستطيع أن يجزم بالتشخيص حتى في الطفل الذي لديه أعراض خفيفة أو غير واضحة.

## الاتجاهات التربوية السائدة لتعليم ذوي الحاجات الخاصة

هناك اتجاهان لتعليم ذوي الحاجات الخاصة في مختلف مراحل التعليم هما:

### الاتجاه الأول: اتجاه العزل

وهو عبارة عن عزل المتعلمين من ذوي الحاجات الخاصة عن المتعلمين العاديين من نفس المرحلة في الفصل الدراسي. ومن الممكن أن يتم إلحاق هؤلاء المتعلمين في مؤسسات أو مدارس خاصة بهم في فصول تضم أعداداً قليلة منهم، ويقوم بتعليمهم معلمون يتم إعدادهم خصيصاً لذلك الهدف، مع توفير برامج تعليمية خاصة بهم، حتى يمكن تحقيق مطالبهم وحاجاتهم التربوية(زيتون، ٢٠٠٣م).

### مزايا نظام العزل:

- توفير الوقت والمكان المناسبين لتقديم الخدمات التربوية والاجتماعية التي تتطلبها كل إعاقة، إضافة إلى توفير المعلمين المتخصصين حسب نوع الإعاقة.

- تواجد المتعلمين من ذوي الحاجات الخاصة معاً يحررهم من الشعور بالضعف.

### عيوب نظام العزل:

- يؤدي عزل المتعلمين ذوي الحاجات الخاصة إلى سوء التوافق الاجتماعي مع المحيطين بهم، وقد يصيبهم الانطواء أو الاكتئاب.

- يعيق نظام العزل عملية تعلم المهارات الاجتماعية التي يحتاجون إليها.

- يؤكد هذا النظام نظرة المجتمع لذوي الحاجات الخاصة بأنهم دون العاديين، رغم أن بعضهم لديه قدرات وإمكانات ومهارات متعددة.

■ عـزل ذوي الحاجـات الخاصة يلصق بهم مسميات بغيضـة تظـل ملتصقـة بهـم طوال حياتهم مما يؤذي مشاعرهم.

### الاتجاه الثاني: اتجاه الدمج

وهـو عبـارة عـن دمـج المتعلمـين ذوي الحاجـات الخاصـة مـع أقرانهم مـن العاديـين داخل المدرسة العادية، ويتم الدمج من خلال عدة أساليب يتم تحديـدها في ضوء نوع الحاجات ودرجتها، والإمكانات المتوفرة في بيئة هؤلاء المتعلمين.

### مزايا نظام الدمج:

- إيجاد بيئة واقعية يتعرض فيها ذوو الحاجات الخاصة إلى خبرات متنوعة من شـأنها أن تمكنهم من تكوين مفاهيم صحيحة عن العالم الذي يعيشون فيه.

- يتيـح الدمج فرصة لذوي الحاجات الخاصة لملاحظة أقرانهم العاديـين في المواقـف الأكاديمية والاجتماعية عن قرب، مما يمكنهم من محاكاتهم والتعلم منهم.

- إكسـاب ذوي الحاجـات الخاصة مختلـف المهـارات الحياتيـة وحسـن التصرف في المواقف المختلفة.

- تحسين اتجاهات الأطفال العاديين نحو أقرانهم ذوي الحاجات الخاصة والعكس.

### عيوب نظام الدمج:

- لا يتمتع المعلمـون في مجـال التعليم العـام بالمهـارات الأساسية لممارسـة مهـامهم التدريسية في ظل نظام الدمج بفاعلية.

- قد يكون اتجاه الدمج مصدراً لقلق أهـالي الأطفـال العاديـين خوفـاً مـن محاكـاتهم لتصرفات ذوي الحاجات الخاصة.

- قلق أهالي ذوي الحاجات الخاصة مما يسببه هذا النظام من سخرية بهم وفقدانهم الثقة بأنفسهم نتيجة لقصور قدراتهم على متابعة الدروس مع أقرانهم العاديين.

- ازدحام الفصول العادية لا يتيح الفرصة للتلاميذ ذوي الحاجات الخاصة للتعليم الفردي، إضافة إلى أن البيئة المدرسية العادية قد تكون غير مناسبة لمتطلبات ذوي الحاجات الخاصة وغير موائمة لقدراتهم واحتياجاتهم (عزيز،٢٠٠٣م).

الفصل الثاني

# تكنولوجيا التعليم لذوي الحاجات الخاصة

## تكنولوجيا التعليم لذوي الحاجات الخاصة

اقتصر فهـم العديـد مـن الأفـراد سـابقاً لمفهـوم تكنولوجيـا عـلى أنـه مجـرد استخدام بعض الأدوات والأجهزة في عملية التعلم والتعليم، وبعد ذلك أصبح التعليم تكنولوجيا بقدر اعتماد عـلى هـذه الأجهـزة. ثم تطور هـذا المفهـوم ليشـمل المـواد والأجهـزة إلى جانـب أسـاليب وطـرق اسـتخدامها وتوظيفهـا في المواقـف التعليميـة المختلفة، حيث ارتبط هذا التعريف بمفهوم التكنولوجيا. والتكنولوجيا كما عرفها *Galbraith* الذي تبنته جمعية الاتصالات التربوية والتكنولوجيا "التطبيـق النظمي للمعرفة العلمية أو المنظمة في أغراض عملية"، والتكنولوجيا تقوم أساساً عـلى تـوافر المقومات التالية: (سلامة، ٢٠٠٥م)

(١) بناء معرفي مستمد من البحوث والدراسات والنظريات.

(٢) عناصر بشرية وغير بشرية.

(٣) تطبيق المعرفة بطريقة منهجية منظمـة في معالجـة العنـاصر وترابطهـا معـاً ومـا يحدث بينها من علاقات وتفاعلات.

ويعرف الجزار (١٩٩٩م) تكنولوجيا التعليم بأنها "عملية متكاملة تقوم عـلى تطبيق هيكل من العلم والمعرفة عن التعلم الإنساني واستخدام مصادر تعلـم بشرـية وغير بشرية تؤكد على نشاط المتعلم وفرديته بمنهجيـة أسـلوب المنظومـات لتحقيـق الأهداف التعليمية والتوصل إلى تعلم أكثر فعالية".

يعتبر مدخل تكنولوجيـا التعليـم مـن المـداخل المنطقيـة لتصميم التعلـيم ومعالجة مشكلاته، لأنه يصمـم عنـاصر منظومـة التعليم، واضعـاً في الاعتبـار جميع العوامل المؤثرة في عمليتي التعليم والتعلم بما يهدف إلى تحقيق تعلم فعّال. ومن ثم تتجلى أهمية اتباع هذا المدخل في تصميم التعليم لـذوي الحاجات الخاصـة لضـمان مراعاة خصائص المتعلمين من ذوي الحاجـات الخاصـة وحاجـاتهم التعليميـة، ونـوع الإعاقة وطبيعتها.

### أسس تكنولوجيا التعليم لذوي الحاجات الخاصة

ترتكز تكنولوجيا التعليم لذوي الحاجات الخاصة على الأسس التالية:

(١) تطبيق المعرفة المتصلة بخصائص ذوي الحاجات الخاصة وحاجاتهم في ضوء تعرف نوع إعاقتهم ودرجتها، وعملية التعلم وما تتطلبه من أساليب تعلم وأحداث تعليمية خاصة وفقاً لنوع الإعاقة ودرجتها.

(٢) استخدام مصادر التعلم وتوظيفها، سواء أكانت بشرية أم غير بشرية.

(٣) استخدام أسلوب المنظومات في تصميم التعليم لذوي الحاجات الخاصة واحتياجاتهم، بما يضمن أن يتم في خطوات متتالية مترابطة متكاملة لتحقيق الهدف النهائي وهو التوصل إلى تعلم فعّال لهم.

وقبل الحديث عن توظيف تكنولوجيا التعليم لذوي الحاجات الخاصة، لابدّ من إلقاء نظرة تاريخية عن الوسائل التعليمية بشكل عام وعلاقتها بتكنولوجيا التعليم.

## الوسائل التعليمية

منذ بدء الخليقة استعان الإنسان بالأساليب المتنوعة والوسائل للتعامل في الحياة، والتواصل مع الناس للتعبير عما يجول في خاطره من أفكار وآراء ومشاعر وأحاسيس. ولم يكن الإنسان يعتمد على الكلمة المنطوقة وحدها، بل استعان بالرسوم والرموز، والإشارات، وجعل منها لغة التخاطب، حيث وجدت الرسومات والصور والخرائط مع الإنسان منذ آلاف السنين، ويمكن مشاهدة ذلك في قبور قدماء المصريين حيث زينت جدرانها بالصور والرسومات التي تصور الحياة في هذه الفترة من تاريخ الإنسانية (سلامة، المعايطة، البواليز، والقمش ١٩٩٩م).

ومن المعروف أن الوسيلة التعليمية تعتبر من مكونات العملية التعليمية وضرورية لحدوثها، فأهمية الوسيلة التعليمية من أهمية العملية التعليمية نفسها في أي مجتمع. فما المقصود بهذه الوسيلة؟

يعتقد الكثيرون أن مفهوم الوسيلة التعليمية التعلمية مقتصر ــ على الوسيلة السمعية البصرية، كالصور، والفيلم السينمائي أو التلفزيوني، والأجهزة المختلفة. والحقيقة أن مفهوم الوسيلة التعليمية التعلمية أعم وأشمل من ذلك فهي:

**"أي وسيلة بشرية كانت أو غير بشرية تعمل على نقل رسالة ما من مصدر التعلم إلى المتعلم، ويسهم استخدامها بشكل وظيفي في تحقيق أهداف التعلم".**

وبهذا المفهوم يمكن اعتبار الكتاب المدرسي، واللوحة الطباشيرية، والصور بأنواعها المتحركة والثابتة، والبيئة الطبيعية بجميع عناصرها وظواهرها، والبيئة البشرية بمختلف نشاطاتها وما ينتج عنها: وسائل تعليمية (سلامة، ٢٠٠١م).

من تعريفات الوسيلة التعليمية أيضاً:

١- هي مجموعة من الأجهزة والأدوات والمواد التي يستخدمها المعلم لتحسين عملية التعليم والتعلم، بهدف توضيح المعاني وشرح الأفكار للمتعلمين.

٢- وسائط تربوية يستعان بها لإحداث عملية التعلم.

٣- كل ما يستعين به المعلم في تدريسه لجعل درسه أكثر إثارة وتشويقاً للمتعلمين، ولجعل الخبرة التربوية التي يمرون بها خبرة حيّة وهادفة ومباشرة في نفس الوقت.

٤- الأدوات والمواد والأجهزة التعليمية والطرق المختلفة التي يستخدمها المعلم بخبرة ومهارة في المواقف التعليمية لنقل محتوى تعليمي، أو الوصول إليه بحيث تنقل المتعلم (الطالب) من واقع الخبرة المجردة إلى واقع الخبرة المحسوسة وتساعده على تعلم فعّال بجهد وكلفة أقل، في جو مشوّق نحو تعلم أفضل.

## علاقة الوسائل التعليمية بتكنولوجيا التعليم

إن الطرق المستخدمة من قبل العاملين في التربية قبل أسلوب النظم سواء في التخطيط التربوي أو تطوير المناهج، أو التخطيط للمواقف التعليمية التعلمية الصفية كانت تتصف بالعفوية والعشوائية والفردية. فمنحى النظم أسلوب منهجي وطريقة عملية في تخطيط وتنفيذ وتقويم أي عمل أو نشاط لتحقيق أفضل مستوى من النتائج.

مرّت الوسائل التعليمية في مراحل مختلفة لكل مرحلة تسميتها التي تناسب تلك المرحلة، إلى أن أصبح مفهوم الوسائل مرتبط بطريقة النظم وهي ما تسمى بمنحى النظم وأطلق عليها تكنولوجيا التعليم.

وبهذا المفهوم النظامي تكون الوسائل التعليمية عنصراً من عناصر نظام شامل لتحقيق أهداف الدرس، وحل المشكلات وهذا ما يحققه مفهوم تكنولوجيا التعليم. ويمتاز منحى النظم بأنه:

- ينظر للعمل على أنه نظام يتكون من مجموعة من العناصر، أو الأنظمة الفرعية يرتبط بعضها ببعض، ويؤثر كل منها في الآخر وتعمل بشكل متكامل ومتوافق لتحقيق ذلك العمل.

- يعمل على تحليل كل عنصر من عناصر النظام أو مكوناته منفرداً ومتكاملاً مع باقي العناصر.

- يقترب من الموضوعية في البحث والتجريب وإصدار الأحكام على النتائج .

- يركز على التكامل بين الجوانب النظرية والتطبيق العملي.

- يعتمد التقويم كخطوة أساسية في سبيل التطوير والتعديل.

وفي ضوء هذا المفهوم لأسلوب النظم تطور استخدام الوسائل التعليمية التعلمية، وأصبحت تعرف بتكنولوجيا التعليم وتُعنى باتباع أسلوب النظم.

ويعني ذلك أن تكنولوجيا التعليم لا تعني مجرد استخدام الآلات والأجهزة الحديثة فحسب، بل تعني أشمل من ذلك بحيث تأخذ بعين الاعتبار جميع الإمكانات البشرية والموارد التعليمية ومستوى المتعلمين وحاجاتهم والأهداف التربوية.

إن الوسائل التعليمية تشكل حلقة في مفهوم تكنولوجيا التعليم التي اتخذت من أسلوب النظم طريقة عمل يبدأ بتحديد أهداف الدرس وينتهي بالتقويم.

خلاصة القول:

تعتبر الوسائل التعليمية جزءً من منظومة متكاملة، وهي العملية التعليمية، حيث بدأ الاهتمام ليس بالمادة التعليمية أو الأداة التي تقدم بها، ولكن بالاستراتيجية المستخدمة من قبل المصمم لهذه المنظومة وكيفية استخدام الوسائل لتحقيق الأهداف السلوكية المحددة مسبقاً، مراعياً اختيار الوسائل وكيفية استخدامها ومدى توفر الإمكانات المادية والبشرية المتوفرة في البيئة المحيطة وخصائص المتعلمين، ولهذا التطور ظهر علم تكنولوجيا التعليم وأصبح يطلق على الوسائل التعليمية التقنيات التربوية التدريسية أو نظام الوسائط المتعددة.

## من الوسائل إلى تكنولوجيا التعليم

تدرج المربون في تسمية الوسائل، فكان لها أسماء متعددة منها: وسائل الإيضاح، الوسائل البصرية، الوسائل السمعية، الوسائل السمعية البصرية، الوسائل المعينة، الوسائل التعليمية، وسائل الاتصال التعليمية وآخر تسمياتها تكنولوجيا التعليم.

وقد كان يوجد لكل تسمية من التسميات السابقة نقد، لما فيها من مآخذ فمن أطلقوا عليها الوسائل البصرية أخذوا بعين الاعتبار أن العين هي أهم الحواس لاكتساب الخبرات في حين أنها ليست الوحيدة، وكذلك من أسموها الوسائل السمعية البصرية أو البصرية السمعية أهملوا باقي الحواس (سلامة وآخرون، ١٩٩٩م).

ومع هذا اتفق المربون منذ فترة على إطلاق اصطلاح الوسائل التعليمية على اعتبار أنها وسائل تعين الدارس على اكتساب المعارف والمهارات.

كما أثر التقدم التكنولوجي الذي نشهده حالياً في العملية التعليمية التعلمية بما قدمته للمربين من وسائل وأجهزة ساعدت على اختزال وقت التعلم والتعليم، ودرج مصطلح تكنولوجيا التعليم في معظم دول العالم. ويمكن تقسيم تطور الوسائل التعليمية التعلمية إلى أربعة أجيال هي:

## ١- الجيل الأول (*First Generation*):

يشمل هذا الجيل الخرائط، والمصورات، والرسوم البيانية بأنواعها، والمواد المكتوبة، والمعارض، والنماذج، والعينات، والتمثيل، والسبورة وغيرها، وقد تميز هذا الجيل بأنه لا يتطلب آلات ميكانيكية أو كهربائية.

٢- الجيل الثاني (*Second Generation*):

يشمل الكتب المطبوعة بأنواعها المختلفة، وقد بدأ هذا التطور باستخدام آلة الطباعة.

٣- الجيل الثالث (*Third Generation*):

عرف الناس في القرن التاسع عشر، ومطلع القرن العشرين كيف يستخدمون الآلة في عملية الاتصال، فكانت تساعدهم على الرؤية، ثم صارت تساعدهم على السمع وأخيراً على الرؤية والسمع، كما ظهرت الصور الفوتوغرافية، والشرائح والأفلام، والتسجيلات، والمذياع، والأفلام الناطقة والتلفاز.

٤- الجيل الرابع (*Forth Generation*):

وهو حديث جداً، وقد تميز بأنه يعتمد على الاتصال بين الفرد والآلة، ومن الوسائل النموذجية في هذا الجيل: التعليم المبرمج، واستخدام الحاسوب.

**تطور مفهوم تكنولوجيا التعليم**

مرّ هذا المفهوم في عدة مستويات هي:

١- المستوى الأول:

وهو مستوى الأجهزة (*Hardware System*) حيث كان التركيز فيه على التجهيزات المستخدمة في التعليم.

٢- المستوى الثاني:

وهو مستوى الوسائل التعليمية (*Media System*) حيث أصبح الاهتمام بالوسائل التي تستخدم في المدارس.

٣- المستوى الثالث:

وهو مستوى النظام التعليمـي (*Educational System*) وكـان التركيـز فيـه على النظام التعليمي المدرسي.

٤- المستوى الرابع:

وهو مستوى النظام التربوي (*Instructional System*) ويـتم فيـه التفاعـل بين مختلف الجوانب التربوية، النشاطات والأفراد داخل البيئة المدرسية وخارجها.

٥- المستوى الخامس:

وهو مستوى النظام المجتمعي (*Social System*) إذ دخلت فيه التكنولوجيا التربوية مفهومها الأوسـع حتـى أصبحت تشـمل التخطيط، والتطـوير، والعمليـات المختلفة لأي مجتمع.

الأسس النفسية والفلسفية للوسائل التعليمية

## أولاً: الأسس الفلسفية لاستخدام الوسائل التعليمية

يعود معنى الفلسفة إلى الأصل اليوناني (فيلوسوفيا) الذي يعني (حب الحكمة)، كما يتضمن معنى البحث عن المعرفة والحقيقة المطلقة المجرّدة. والفسلفة بمثابة طريقة الفرد في الحياة وهذه الطريقة تشمل وجهة نظر الفرد في القيم والعادات والتقاليد والدين، والاقتصاد، والسياسة، والتعليم، والمرأة... إلخ.

وفيما يلي شرح مبسط لكل من الفلسفة المثالية والواقعية والتجريبية مع بيان وجهة نظرها بالنسبة للوسائل التعليمية:

### ١- الفلسفة المثالية (*Idealism*):

تقول الفلسفة المثالية بأن عالمنا الذي نعيش فيه، ونلمسه بحواسنا الخمس بترابه وأشجاره وهوائه الذي يتراءى لنا كحقيقة ما هو إلاّ مجرد صور وخيالات لعالم آخر أكثر منه كمالاً وصفاءً هو عالم الفكر الخالص أو عالم العقل المطلق.

إن أفضل جو للحصول على المعرفة بالنسبة لهذه الفلسفة هو مكان هادئ منعزل بعيد عن كل ضوضاء وجلبة، حيث يمكن فيه السماح لعين العقل فقط التأمل والتفكير، فالمدارس يجب أن تبنى في أماكن بعيدة منعزلة، ولا بأس من حجبها عن العالم المحسوس بالجدران العالية والأبواب المغلقة، حتى يتمكن العقل أن يجول بين الأفكار ويستنبط المعرفة الخالصة منها، أما برامج الدراسة ما كان فكراً خالصاً غنياً بالمجردات والأرقام والرموز.

فالمنطق والفلسفة والرياضيات المجردة هي الأدوات الأساسية في التعليم الأساسي، أما الأشياء العلمية المحسوسة فهي من درجة دنيا ولا تستحق البحث والعناء.

وتعود الأصول الأولى لهذه الفلسفة إلى أفلاطون الذي تأثر بآراء أستاذه سقراط وانتقلت إلى أرسطو تلميذ أفلاطون.

وتعتبر هذه النظرية الأشياء المحسوسة مجرد عوارض واهية لا توصل إلى الحقيقة العلمية، وأن المتعلمين لا يمكن أن يصلوا إليها إلاّ بالتحليل العقلي في جو هادئ بعيد عن الحياة الواقعية والعملية فهي لا تهتم بالوسائل التعليمية.

ويُلاحظ على هذه الفلسفة نزعتها المثالية ومبالغتها في تقدير العقل وتفضيله على الجانب العملي والحسّي في التربية، وخير ما يمثلها المنهج التقليدي الذي يعتمد على التلقين والحشو. أما الأشياء الحسية لا توصل إلى الحقيقة، وبذلك لا تهتم بالوسائل التعليمية؛ لأنها من عالم المحسوس الذي لا قيمة له حسب رأيهم.

**٢- الفلسفة الواقعية (*Realism*):**

تعتبر هذه الفلسفة الكون عالماً واحداً، يعمل بنظام وترتيب طبقاً لقوانين طبيعة محددة موجودة فيه منذ الأزل، مستقلة عن إرادة الإنسان لا يستطيع لها تغييراً. وعالم الفلسفة الواقعية عالم حقيقي واحد مليء بالنظام والترتيب والذكاء، والأشياء المحسوسة الموجودة فيه هي أشياء حقيقية وليست ظلالاً أو خيالات، والإنسان بالنسبة للكون مجرد مراقب بسيط محايد لآلة دقيقة ضخمة تسير طبقاً لقوانين وأنظمة معينة، وعمله لا يتعدى أمر اكتشاف هذه القوانين والتعرف إليها.

وتعود جذور هذه الفلسفة إلى أرسطو، فكان أكثر واقعية من أفلاطون، ويأتي لنا أرسطو بأهداف للتربية تشبه إلى حد كبير أهداف التربية الحديثة، فهو وإن كان يعطي للتربية العقلية المقام الأول، فإنه لم يغفل النواحي الأخرى للإنسان.

وتطورت الفلسفة الواقعية على يد جون لوك الإنجليزي، والذي كان يعتقد أن الإنسان يولد وعقله صفحة بيضاء، والتجربة هي التي تخطّ على هذه الصفحة كل ما يتوصل إليه الإنسان من معرفة، ويصل الإنسان إلى هذه المعرفة عن طريق الأسلوب العلمي والملاحظة المنطقية. ثم جاء الفيلسوف (هربارت) بأفكار ما يزال تأثيرها باقياً في علم النفس التربوي وطرق التدريس.

وبعد نظرية وفلسفة (هاربرت) والتي يمكن تسميتها (نظرية الربط الإدراكي) جاءت نظريات الإشراط التي توّجها سكنر بنظرية الإشراط الإجرائي.

ويعتبر سكنر أبو تكنولوجيا التعليم والتعليم المبرمج.

إن الفلسفة الواقعية تنظر إلى الوسائل التعليمية نظرة إيجابية، ولها دور أساسي في عملية التعلم، وتدعو إلى استخدام أكبر عدد من الوسائل التعليمية، لأن عرض أية فكرة بأكثر من صورة وطريقة يؤدي إلى تعلم أفضل وأسهل. ولعل من أهم الوسائل التعليمية المرتبطة بهذه الفلسفة الحاسوب وبرمجياته.

**٣- الفلسفة التجريبية (*Experimentalism*):**

لهذه الفلسفة تسميات عديدة منها: الفلسفة البراجماتية، والأدائية، والعملية، والوظيفية. وقد أخذت الفلسفة التجريبية اسمها من تأكيدها الشديد على أهمية تجربة الإنسان في الوصول إلى المعرفة. ويمتد تاريخ هذه الفلسفة إلى (هرقليطس) الذي كان يؤمن بفكرة التغير المستمر، وأن الحقيقة الثابتة المطلقة لا وجود لها.

إن هذه الفلسفة حديثة ومن أهم ما تدعو إليه:

- يرى أصحاب هذه الفلسفة أن التربية هي الحياة.
- يركز أصحاب هذه الفلسفة على استخدام مواقف الحياة، والعمل المباشر في عملية التعلم.
- القيم والأخلاق نسبية حيث لا توجد قيم مطلقة.
- تقاس القيم بنتائجها بالنسبة للفرد.
- مصدر القيم هو الخبرات الإنسانية، واختيار القيم بالتجربة الحسية أهم من معرفتها عقلياً.

تؤمن هذه الفلسفة بالتعلم عن طريق العمل المباشر المحسوس،والخبرة.ويرتبط بهذه الفلسفةنظرية الجشطالت والتي تؤمن باستخدام الوسائل التعليميةوموادهاعندما تكون

هادفة، وفي الوقت المناسب. وتقول هذه النظرية أن الوسائل مجرد وسائل وليست غايات في حد ذاتها. وكل وسيلة تستخدم يجب أن تخدم هدفاً معيناً واضحاً من أهداف عملية التعلم والتعليم، وإلاّ فقدت قيمتها كوسيلة معينة. إن استخدام الوسائل المعينة على هذا الأساس استخدام ذكي هادف، ولذا يجب أن يرى المتعلم حاجة لاستخدام الوسيلة.

إن اتباع هذه النظرية لا يرون فائدة للأعداد الضخمة من الوسائل التعليمية التي تزود بها المدارس، أو تقوم هي بصنعها. ولكي تكون الوسيلة ذات فائدة، يجب أن يكون هناك ضرورة واضحة لاستخدامها في حل مشكلة من مشكلات المتعلم بنفسه، على أن تستخدم في حينها، وللمدة التي تؤدي فيها تلك الفائدة فقط، وكذلك الحال بالنسبة لاستخدام الآلات وبرمجياتها.

**ثانياً: الأسس النفسية والتربوية لاستخدام الوسائل التعليمية**

عندما نتحدث عادة عن طرق التدريس التقليدية والحديثة نتوقف عند موضوع الوسائل التعليمية ودورها في هذه الطرق أو تلك. ومما لا شك فيه أن البرامج التقليدية كانت تعتبر الوسائل التعليمية مكملات لعملية التعليم، أو يستخدمها المعلم لإعطاء الدرس نوعاً من الجاذبية، لذلك كانت مساهمة الوسائل التعليمية في عملية التعليم محدودة.

ومن هنا كان المعلم ينظر إلى الوسائل التعليمية بأنها إضافة للمنهج وليست جزءاً منه، لذلك لم يكن هناك ما يبرر إنفاق الوقت والجهد والمال لإنتاج مثل هذه الوسائل أو استخدامها. وبالتالي لم يكن يخطط لاستخدامها - إن استخدمت- ويأتي هذا الاستخدام بشكل عشوائي.

لهذا كله نجد أن عملية التربية الحديثة أخذت تهتم بالتخطيط للدرس، والتخطيط لاستخدام الوسائل التعليمية التي أصبحت جزءاً أساسياً من المنهج. وقد اتجه رجال التربية وعلم النفس إلى البحث عن أساليب جديدة لتنظيم عملية التعليم، وتوصلوا إلى عدة أساليب منها:

١- اعتبار المتعلم محوراً لعملية التعليم وليس المعلم، وما ترتب عن ذلك مـن تغير دور المتعلم من مستقبل سلبي إلى مشارك نشط إيجابي، والمعلـم مـن مرسل فقد إلى مرسل ومستقبل وموجه ومخطط ومهيء للبيئة التعليمية.

٢- التحول من البرامج التعليمية التقليدية الجامدة المعتمـدة علـى التلقين، إلى برامج ديناميكية متطورة باستمرار.

٣- التحول مـن اعتبار المـتعلم جـزءاً مـن جماعـة تـدرس بطريقـة واحـدة إلى اعتباره ذاتاً متميزة، وبذلك يجب مراعاة الفروق الفردية بين المتعلمين.

٤- الإيمان بجدوى التخطيط المسبق للدرس، وتحديد الأهداف وطرق تحقيقها وقياسها بدقة.

٥- بناء على ذلك أخذ ينظر إلى الوسائل التعليمية باعتبارها جـزءاً مـن المنهج والطريقة أو التقويم في التدريس. ولم يعد ينظر إليها كأدوات منفصلة، بـل تستخدم ضمن نظام متكامل. وأي فرد يعمل في تخطيط وإنتاج أو استخدام الوسائل التعليميـة، عليـه أن يعـي فوائـدها، وطـرق إنتاجهـا، واسـتخدامها بشكل سـليم ومـدروس. وكثيراً مـا كـان يـتم إنتاج الوسائل التعليمية أو استخدامها على أساس الأحكام الذاتية أو الحدس. ولكن هـذه الطـرق ثبـت عدم جدواها وفشلها.

## الإدراك (Perception)

ويطلق عليه الإدراك الحسي وهو أن يعـي الإنسـان مـا حولـه في هـذا العـالم باستخدام الحواس ليفهم الأشياء والأحداث.

وتمثل حواس الإنسان أدوات الإدراك الذي يسبق عملية الاتصال الذي يـؤدي بدوره إلى التعلم.

ويعرّف الإدراك بأنه: "نشاط نفسي يقوم به الفرد، ويعرف العالم المحيط بـه عن طريق هذا النشاط النفسي، ويحقق تكيفاً مع البيئة التي يعيش فيها.

والإدراك عملية معقدة وليست بالعملية البسيطة، وإن كانت تبدو لنا كذلك، فالجهاز العصبي في الأطراف (العينان، والأذنان، والأطراف العصبية في الجلد)، هذه تنقل ما تجمعه من معلومات وإحساس إلى الجهاز العصبي المركزي في المخ، حيث يفسر ما يستقبله من معلومات، ثم يرسل الرد على هذه المعلومات، وبذلك يحدث الإدراك.

ويعتبر الإدراك مرحلة مبكرة جداً من العمليات المعرفية، حيث يؤثر على غيره من العمليات المعرفية ويتأثر بها، فالتعلم السابق يؤثر في الإدراك والإدراك يؤثر في التعلم السابق.

**أسباب اهتمام مستخدم الوسائل التعليمية**

يورد (كمب) علاقة دراسة الإدراك بتصميم وإنتاج الوسائل التعليمية واستخدامها، حيث يبرر ذلك بما يلي:

١- أن الحدث المدرك يتركب من عدد من الوسائل المحسوسة، التي لا تقع منفصلة عن بعضها، لكنها ترتبط وتتشابك وتشكل في مجموعها أساس معرفة الإنسان بالعالم من حوله.

٢- أن الإنسان الواحد يتفاعل في الوقت الواحد مع جزء بسيط جداً من كل ما يحدث في بيئته؛ إذ أنه ينتقي جزءاً من الحدث الذي يجذب انتباهه. ومن هنا تأتي حاجتنا إلى ضرورة تصميم السمعبصريات التي تجذب انتباه المتعلم. فالإدراك تجربة شخصية لا تتطابق عند اثنين، حيث تلازمه مشاعر ذاتية تعكس الخبرات السابقة والظروف الحاضرة. ويمكن إضافة السببين التاليين إلى ما سبق.

٣- إن الإدراك مرتبط بالتذكر، فكلما كان إدراك الشيء أو الحقيقة أو المعلومة أفضل، كلما كان التذكر أفضل، ومعنى ذلك أنه كلما ارتبط الإدراك بأكثر من حاسة كان أفضل وأقوى، وبالتالي يكون التذكر كذلك.

٤- إن الخطأ الذي قد يحدث في إدراك المتعلم لجزء من التعلم، قد يؤدي إلى نتائج خاطئة في العملية التعليمية، وبالتالي يجب أن نتجنب مثل هذه الأخطاء أو التحريفات.

## مراحل الإدراك

سـبق وذكرنـا أن الإدراك مـن العمليـات العقليـة، وهـو مرحلـة مبكـرة مـن العمليات المعرفية. ويمر الإدراك في مراحل أساسية متتالية هي:

١- **مرحلة الإدراك المبهم:** وهي مرحلة المعرفة الأولية لبيئة المـتعلم دون الـدخول في التفصيلات.

٢- **مرحلة إدراك ما هو كائن:** أي ما هو موجود في مجالي الحس والبصر.

٣- **مرحلة الوعي التام بالشيء المدرك وتفصيلاته.**

٤- **مرحلة التحديد وتفهم المعنى:** أي الاستيعاب للمدركات البصرية على هيئة أشياء موضوعية وليست ذاتية.

## خصائص الإدراك

هناك عدة خصائص للإدراك يمكن إيجازها فيما يلي:

١- **الإدراك نسبي:** ويعني ذلك أن الشيء المدرك تتفاوت درجة إدراكه من شخص إلى آخر حسب الخبرات السابقة، وقوة الحـواس، والبيئـة، والظروف التـي تحـدث فيها عملية الإدراك.

٢- **الإدراك انتقائي:** بمعنى أننا لا ندرك كل ما هو موجود حولنا من المناظر والأصوات والبشر والأشياء، وتعود الانتقائية إلى ما يلي:

■ أن الإدراك يعتمد على معرفتنا بالموقف أو الشيء المدرك، وعلى اتجاهنا وميولنا نحو هذا المنظر أو ذاك.

■ أن هناك حدوداً لحجم أو مقدار المعلومات التي نصل إليها عـن طريـق قنـوات الاتصال، وحدوداً لقدرة المتعلم على استيعاب المعلومات.

فالمثيرات في البيئـة كثيرة ومتعددة، إلا أن قدرة المـتعلم أو الفـرد علـى الإدراك محدودة ومحصورة.

٣- **الإدراك كلي:** وهذا يعني أننا ندرك كل المنظر إذا كان بصرياً بما فيه من علاقات وتناسق، ونسمع كل الأصوات بما فيها من تناسق أو نشاز.

٤- **الإدراك يتأثر بالاستعداد:** كلما زاد استعداد أو تأهب المتعلم للإدراك كلما كان الإدراك أسرع وأسهل. وهذه الصفة يجب أن تؤخذ بعين الاعتبار عند تصميم وإنتاج واستخدام الوسيلة التعليمية، بمعنى أن يراعى عند تصميم وإنتاج الوسيلة وجود نوع من الاستعداد عند المتعلم للإدراك، ملائم لما يهدف إلى نقله من حقائق ومعلومات.

أما عند استخدام الوسيلة فعلى المعلم أن يلفت انتباه المتعلمين إلى الجوانب المهمة للرسالة التعليمية التي تعرضها الوسيلة، ويكون هذا التنبيه عن طريق التوجيه اللفظي المباشر أو إثارة التساؤلات المشوّقة.

٥- **يتأثر الإدراك بالعمر:** يختلف إدراك الكبار عن إدراك الصغار الذين تتداخل خبراتهم فيما يدركون، وبالتالي يكون إدراكهم غير سليم. وعلى مصمم الوسيلة التعليمية ومنتجها ومستخدمها مراعاة المستوى العمري والثقافي للفئة المستهدفة بالوسيلة.

٦- **الإدراك قد يكون حسياً أو غير حسي:** الخبرات الحسية وهي أساس المعرفة وبدونها لا يستطيع الفرد إدراك ما هو محيط به، فالخبرة الحسية المرئية تمكن الفرد من التمييز بين الألوان، والأطوال، والأوزان، والأشكال... إلخ، والسمعية تمكنه من التمييز بين درجات الصوت. وبالتالي فإن الخبرة الحسية تؤدي إلى إدراك معنى الشيء المدرك.

## قيمة الإدراك الحسي في التعلم وعلاقة ذلك بالوسائل التعليمية

تظهر قيمة الإدراك الحسي في التعلم من قدرته على نقل المعنى الدقيق للموضوع المقروء أو المسموع أو المشاهد، وما الصور والخرائط والرسومات بأنواعها التي تتخلل الكتب إلا لتدعيم العبارات المكتوبة بالوسائل الحسية التي تمكن من الإدراك الحسي بشكل أسهل.

إن الخبرة الحسية هي الإحساس لجميع معارف الإنسان، وبدونها لا يستطيع أن يعي بشكل جيد ما يدور حوله.

أما عن الوسائل التعليمية والإدراك الحسي ـ فإنها تعتبر مـن أهـم الأدوات والطرق التي تمكن المعلم والمتعلم من إيصال وتلقي هذه الخبرات الحسية الضرورية للتعلم الجيد.

خلاصة القول:
توفر الوسائل التعليمية الأساس المناسب من الخبرات الحسية الضرورية للتعلم.

## الأسس السيكولوجية لتصميم التعليم والعلاقة بين نظريات التعلم والوسائل التعليمية

لا يمكننا فصل نظريات التعلم عن الأسس النفسية لتصميم التعليم، وبالمقابل لا يمكن فصل كل ذلك عن الوسائل التعليمية، لأن الهدف الرئيس لإعداد الوسائل التعليمية واستخدامها هو تحقيق الأهداف التعليمية للعملية التربوية بأسرها، والمساعدة على تيسير عملية التعلم.

لذلك نقول أن الحديث عن أسس التعلم، وأسس استخدام الوسائل التعليمية لا يمكن أن يتم بشكل منفصل، والتعلم هو تغير مرغوب فيه، ومقصود وثابت نسبياً في سلوك المتعلم، يحدث نتيجة الممارسة أو التدريب.

ومهما اختلفت تعريفات العلماء في الألفاظ، إلاّ أنها تتفق في المضمون، ولكن تفسير عملية التعلم أو كيف يحدث التعلم كان مثار خلاف أصحاب النظريات في التعلم. ولهذا نجد نظريات عدة تفسر عملية التعلم.

ويمكن من خلال استعراض ودراسة جميع نظريات التعلم أن نحدد بعض المبادئ المشتركة بينها، والتي تساعدنا كمختصين في التقنيات التعليمية على تصميم وإنتاج واستخدام الوسائل التعليمية بشكل سليم. والتي تشكل في مجموعها أسساً نفسية لتصميم التعليم، وأسساً لتصميم وإنتاج واستخدام المواد السمعبصرية.

### مبادئ التعلم

**١- الدافعية (*Motivation*):**

تعتبر الدافعية شرط أساسي وهام في حدوث عملية التعلم، وقد أكدت نتائج البحوث والدراسات المتعلقة بميول واتجاهات المتعلمين أهمية مراعاة واتجاهات المتعلم نحو المادة المتعلمة، ومدى توفر الدافعية لهذا التعلم. وكان هذا بمثابة ثورة على الطريقة التقليدية في التدريس، والتي كانت تأخذ بنظرية التدريب الشكلي التي تؤمن بتدريب العقل وملكاته عن طريق عدد من المواد الدراسية. وتبع ذلك طرق تدريس ضعيفة الصلة بما يجري حول المتعلم من أمورفي حياته خارج أسوارالمدرسة،كما أن تطبيقاتهاعلى المشكلات والحاجات

الواقعية في حياته اليومية يعتبر ضئيلاً للغاية، وتقوم دراسة معظم المواد على التعلم من الكتب عن طريق الحفظ والاستظهار.

أما النظريات الحديثة وبالتحديد طريقة التدريس الحديثة والمنهج الحديث، فإنها تأخذ باهتمامات المتعلمين المختلفة حتى يستطيع المعلم أن يخطط للنشاطات ذات الصلة بهذه الاهتمامات. كما يحاول المعلم جاهداً أن يوجد له مكاناً محبباً لدى المتعلمين، حتى يثير اهتمامهم بالمادة والدرس، وبـذلك تتـوفر لهـم خبرات ومواقف تعليمية هادفة وممتعة في نفس الوقت.

---

**خلاصة القول:**

التعليم الجيد هو الذي يهتم بميول واتجاهات واهتمامات المتعلمين، وذلك لتحقيق الأهداف التعليمية. وهذا لن يتم دون وجود المكان، والإنسان، والمادة، والطريقة المناسبة والمحببة إلى نفوس المتعلمين.

---

## ٢- النشاط العقلي من جانب المتعلم:

حتى يحدث التعلم لا بد أن يكون المتعلم نشيطاً إيجابياً، فلا يحدث تعـديل في السلوك وهذا هو التعلم، إذا لم يكن هناك سلوك أصلاً. وهذا السلوك هو النشاط العقلي الإيجابي النشيط من جانب المتعلم.

والمعلم الجيد هو الذي يثير نشـاط المتعلمـين العقـلي بشكـل مسـتمر. وقـد يصعب هذا الأمر خاصة إذا كانت المواد الدراسية منفصلة.

لهذا يبرردور الوسائل التعليميةالجيدة في إثارةهذا النشاط العقلي، بما تحمله من تشويق وإشاعة حب الاستطلاع لدى المتعلم، ويشعر بحرية أكبر في الاستفسار

والمناقشة لأن هذه الوسائل تثير في نفس المتعلم وعقله الكثير من الأسئلة وتجعلهم يتفحصون أدق الأشياء والمعلومات.

كما أثبتت الدراسات أن احتواء الأفلام التعليمية على أسئلة موجهة للمتعلمين، يساعد على سرعة التعلم، واستثارة دافعية المتعلمين، وحرصهم على متابعة الفيلم.

**٣- التغذية الراجعة:**

وهذا مبدأ هام من مبادئ التعلم، والذي لا يتم التعلم الصحيح والناجح بدونه؛ فالوسيلة التعليمية التي تستلزم قيام المتعلم بنشاط معين، تتطلب بعد الانتهاء من هذا النشاط وجود تغذية راجعة تخبر المتعلم بنتائج نشاطاته للاستفادة منها.

وإذا لم يتوفر في الوسيلة مثل هذه المعلومات أو التغذية الراجعة فلا بد أن يوفرها المعلم نفسه.

وكلما كانت هذه التغذية الراجعة مصاحبة للنشاط وفورية، كلما كان الأداء عند المتعلمين أفضل.

**٤-الاستعداد:**

ويشمل جميع أنواع الاستعدادات عند المتعلم: الجسمية، والعقلية، والانفعالية، والاجتماعية، والاستعداد في الخبرات السابقة.

ويعرف الاستعداد بشكل عام بأنه: "توفر أنماط الاستجابات والقدرات اللازمة للقيام بالنشاط أو السلوك الذي يتطلبه الموقف".

إن علاقة الاستعداد بتصميم وإنتاج واستخدام الوسائل التعليمية علاقة هامة وواضحة، حيث يجب أن تكون الوسيلة مناسبة لقدرات وخبرات وميول واتجاهات المتعلمين وإلاّ ستفقد فائدتها. فكما أن المواد الدراسية تتفاوت في السهولة والصعوبة، تتفاوت الوسائل التعليمية أيضاً في هذا المقياس، فإذا كانت بالغة الصعوبة بالنسبة للفئة المستهدفة عرقلت التعلم، وإذا كانت بالغة السهولة فإنها تخلق اتجاهات غير مرغوب فيها لدى المتعلمين مثل: الاستخفاف، أو الملل، أو الانصراف عن المشاركة في موضوع الدرس.

وهذا الأمر "تقدير مستوى المتعلمين" يتطلب من المعلم جهداً خاصاً لتحديد الخصائص الأساسية للفئة المستهدفة، وبالتالي اختيار الوسيلة المناسبة لهذا المستوى.

## ٥- التنظيم:

كلما كان تنظيم الرسالة أفضل، كان التعلم أسهل، والنسيان أقل والتذكر أكثر.

## ٦- الفهم والتفكير (وضوح المعنى):

كلما كان محتوى الرسالة واضحاً وذا معنى، كان التعلم أسهل وثباته أكثر دواماً.

فالمبادئ والمعلومات المعقدة لا تكون مفهومة، وليست ذات معنى عندهم، وبالتالي لا تحقق النتائج المرجوة وهي الفهم والتفكير المرتبط بعملية الفهم. لذلك فإن تفكير الكبار في موضوع معين مختلف عن تفكير الصغار لأن فهمهم للموضوع مختلف.

## ٧- التكرار:

تختلف أهمية التكرار في عملية التعلم باختلاف موضوع التعلم، فمثلاً التكرار ضروري لتعلم المهارات مثل: السباحة، العزف على الآلات الموسيقية، الطباعة وغيرها. كما أنه ضروري للمواد التي تحتاج نوعاً من الحفظ مثل: حفظ القصائد، جداول الضرب وبعض المفاهيم الأخرى. وتقل أهمية التكرار في المواد التي تحتاج إلى فهم، وتفكير واستنتاج.

إن تطبيق هذا المبدأ على الوسائل التعليمية يعني أن الوسيلة التعليمية يمكن أن تكرر بعض المعلومات، وحتى يحقق التكرار في الوسيلة أقصىـ درجات الفائدة يجب أن تؤخذ القضايا السابقة بعين الاعتبار. كما أثبتت الدراسات أن تكرار عرض فيلم سينمائي تعليمي، يؤدي إلى تعلم أشياء جديدة لم يتعلمها المشاهدون في المرة الأولى. كذلك يمكن أن تكرر بعض المعلومات في أكثر من وسيلة إذا راعينا القواعد المناسبة لذلك.

## ٨- الانتقال من المحسوس إلى المجرد:

كما ذكرنا أن الإدراك الحسي هو أساس المعارف التي هي أكثر ثباتاً ومقاومة للنسيان من غيرها من المعلومات المتعلمة بالطريق اللفظي المجرد ؛ لذلك لا بد أن يبدأ التعلم

من المحسوس إلى المجرد مهما كان نوع المادة، ثم الانتقال بشكل تدريجي إلى الأشياء المجردة كلما ازداد تعمق المتعلم في المادة الدراسية. وهذا المبدأ لا ينطبق على مـادة دون أخرى أو مرحلة تعليمية دون أخرى حتى في المراحل الجامعية.

ولتطبيق هذا المبدأ على الوسائل التعليمية نرى أن الوسائل تهدف إلى تـوفير الخبرات الحسية للمتعلم. وهي بذلك توفر ترجمة سليمة للألفاظ والرمـوز إلى صور سمعية، وبصرية، وبذلك يسهل تعلمها وتذكرها.

## ٩- التشابه مع المواقف العملية:

وهذا يعني أنه كلما كان هناك تشابه بين الموقف التعليمي والحياة العمليـة كان التعلم أسهل وأكثر إتقاناً ومقاومة للنسيان. ومعنـى ذلك أن الوسيلة التعليميـة التي تنقل مواقف حياتية ولها ارتباط بهذه المواقف تكون أفضل في التعلم، إضافة إلى أن الوسيلة ينبغي أن تساعد المتعلم في قدرته على تعميم ما يتعلمه في موقـف عـلى مواقف تعليمية أخرى.

## ١٠- الملاءمة:

إن المحتوى التعليمي الملاءم يكون أسهل في تعلمه من ذلك الـذي لا يلائمـه. بمعنى أن هناك بعض المواد التعليمية لا تناسب المتعلمين من حيث: صعوبتها، عـدم تلبيتها لحاجات المتعلمين، بعدها عن واقع المتعلم، ويجدون صعوبة في تعلمها.

وللوسائل التعليمية فإن الوسيلة الملائمـة للفئـة المستهدفة تكـون مشجعة لمتـابعتهم البرنـامج التعليمـي، ولا تبعـث عـلى الملل أو السـخط عـلى هـذا الموقـف بأكمله.

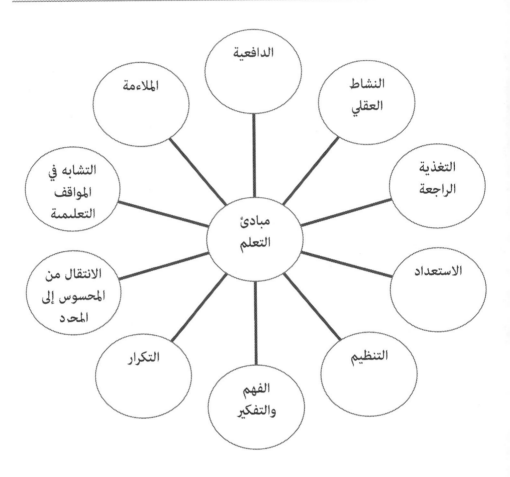

الشكل رقم ( ١ )

مبادئ التعلم

## الاتصال التعليمي مع ذوي الحاجات الخاصة

### مفهوم الاتصال وعناصره

يعرّف الاتصال بأنه: "انتقال أو توصيل فكرة أو مفهوم أو مهارة من شخص إلى آخر وشيوعها"، وقد وجد الاتصال منذ بدء الخليقة، فلم يكن تبادل الألفاظ هو الأسلوب الوحيد للاتصال، فهناك أساليب أخرى مثل التلويح بالأيدي بطريقة معينة تعني أمراً معيناً (الجزار والسويدان، ٢٠٠٧م).

ويعرفه سلامة (٢٠٠٦م) بأنه: "عملية تفاعل مشتركة بين طرفين (شخصين أو جماعتين) أو مجتمعين لتبادل فكرة أو خبرة معينة عن طريق وسيلة".

بدأت التربية تهتم بدراسة الاتصال ونظرياته نظراً لأن الاتصال والتعليم وجهان لعملة واحدة، فكلاهما يهدف إلى تبادل الأفكار بين مصدر ومستقبل بما يؤدي إلى الفهم المشترك بينهما، فالتعليم هو عملية اتصال منضبطة بين المعلم والمتعلم لنقل رسائل تعليمية باستخدام وسائل معينة لتحقيق الأهداف المنشودة، بما يؤدي إلى الفهم المشترك. لذا، فقد اهتم العديد من الخبراء في التربية على فهم عملية الاتصال التعليمي والاهتمام بتحسين أساليبه، لأن فهم الطرق التي نتواصل بها مع الآخرين بفعالية تمكننا من فهم كيفية تعلمهم.

يتم في عملية الاتصال نقل المعرفة بأنواعها من شخص إلى آخر، ومن ثم فهي تأخذ مساراً يبدأ عادة من المصدر الذي يرسل إلى الجهة الأخرى التي تستقبل ثم يرتد ثانية إلى المصدر وهكذا، ومن هنا يبدو أن عملية الاتصال لا تسير في اتجاه واحد، بل عملية دائرية تكفل التفاعل بين طرفين وتبادل التأثير فيما بينهما، كما تحدث عملية الاتصال ضمن نطاق واسع وشامل يضم مختلف الإمكانات والظروف.

ومن الجدير بالذكر أن عمليةالاتصال لا تقف عند انتقال المعلومات والأفكار والاتجاهات والمهارات من مرسل إلى مستقبل،فهي عملية تفاعل بين طرفين عن طريق وسائل وقنوات اتصال مناسبة باستخدام رموز ذات معنى مشترك بينهما ، ومهما تنوعت طرائق

الاتصال فهي ترتكز على أربعة عناصر أساسية هي: المرسل، المستقبل، الرسالة، والوسيلة (العريان ورضا، ١٩٨٤م).

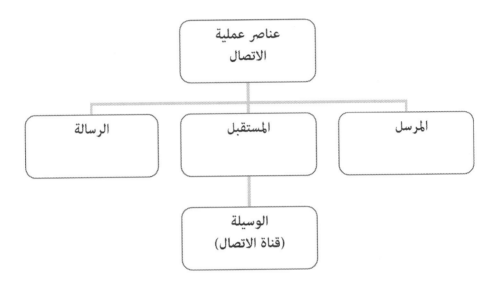

الشكل رقم ( ٢ )

عناصر عملية الاتصال

للاتصال طرق ووسائل متنوعة أكثرها شيوعاً اللغة المقروءة والمنطوقة، والرموز المكتوبة فاللغة من أهم وسائل الاتصال، إلا أن التفاهم لا يقتصر ـ على اللغات المعروفة، فهناك رموز أخرى للتفاهم بين الأفراد ولكل رمز دلالته ومعناه، ومنها اللغات التي يستخدمها الإنسان في مختلف أمور حياته.

ومما لا شك فيه أن عدم كفاية الحواس كضعف السمع والبصر ـ يعتبر من معوقات الاتصال، مما أوجب تنويع قنوات الاتصال ووسائله، وعرض خبرات بديلة تعوّض عن الخلل في هذه الحواس.

إن مشكلة الاتصال اللغوي الشفهية أو الكتابية تعـد مـن إحـدى المشكلات الرئيسة في حياة الصم والمكفوفين، وقد تمثلت حلول تلك المشكلة في طريقـة (برايـل) وآلات العمليات الحسابية بالنسبة للمكفوفين، أما بالنسبة للصم فتمثلت حلول تلـك المشكلة في استخدام طريقة لغة الشفاه، ولغة الإشارة.

أنواع الاتصال:

## ١.الاتصال الشفهي

يمثل التواصل الشـفهي قناة الاتصـال الرئيسـة عنـد الشخص الأصم، حيـث تجعله أكثر قدرة على فهم الكلمات المنطوقة من خـلال التلميحـات، والإيمـاءات مـن حركة شفاه الآخرين. ويستند هذا الأسلوب في الاتصال إلى استخدام السـمع المتبقـي للشخص الأصم من خلال التدريب السمعي وتضخيم الصوت، وقراءة الشفاه والكلام.

## ٢.الاتصال اليدوي

ويكون الاتصال اليدوي في استخدام رموز حركية لإيصال المعلومات للآخرين، وتتمثل هذه الطريقة في الاتصال في استخدام لغة الإشارة، والتهجئة بالأصابع، حيـث إن لكل رمز أو حركة دلالته ومعناه. وتعتمد طريقـة تهجئـة الأصابع عـلى استخدام اليد لتمثيل الحروف الأبجدية. أما أهم ما يعيق التواصل اليدوي:

(أ) قد تعوق إكساب الأطفال القدرة على قراءة النصوص المكتوبة.

(ب) أما الإشارات فهي لغة لا ترتبط كلياً بكل من اللغة المنطوقة والمكتوبة.

## ٣.الاتصال الكلي

تعتمد هذه الطريقة على توظيف كافة أساليب الاتصال اللفظي واليـدوي، إضافة إلى المزج بين البقايا السمعية وقراءة الشفاه، ولغة الإشارة، وأبجدية الأصابع بما يتلاءم وطبيعة كل حالة وظروفها (عزيز، ٢٠٠٣م).

### ٤.أسلوب (برايل) في الاتصال

يعتبر أسلوب (برايل) في الاتصال من أهم الأساليب المستخدمة في تعليم القراءة والكتابة للمكفوفين، فمن خلالها يستطيع المتعلم عن طريق حاسة اللمس أن يدرك الرسالة التعليمية عن طريق نقطة أو جملة نقط في نظام برايل، حيث يتم تمثيل الحروف بنقاط بارزة عن طريق خلية صغيرة تسمى خلية برايل، وتأخذ هذه الخلية شكلاً مستطيلاً به (٦) نقاط (٢×٣) ويمثل كل حرف باستعمال نقطة أو أكثر (سويدان والجزار، ٢٠٠٧م).

وبالرغم من أهمية التواصل اللفظي، والسمعي، واليدوي إلا أن هذه الطرق لم تعد كافية لحل مشكلات الاتصال بشكل فعال، نظراً لعدم شيوع استخدام هذه الطرق وشيوع رموزها بين الناس إلا للقليل من الناس. لذا، ابتكر العلماء والباحثين الطرق التكنولوجية الحديثة والتي تقوم في أساسها على الحاسوب وبرمجياته المختلفة لخدمة ذوي الحاجات الخاصة.

**حروف لغة برايل**

تقوم كتابة (برايل) في الأساس على ست نقاط أساسية ثلاثة على اليمين وثلاثة على اليسار كما في الشكل (٣)

**الشكل رقم (٣)**

**حروف لغة برايل**

ومن هذه النقاط الست تتشكل جميع الأحرف والاختصارات والرموز ومع دخول الكمبيوتر إلى عالمنا دخل نظام الثماني نقاط في نظام الكمبيوتر ليعطي مجالاً لاستيعاب أكبر عدد ممكن من الإشارات والرموز، ولكن هذا النظام ظل مستخدماً فقط في الكمبيوتر ولم يوسع لغيره.

أما طريقة قراءة هذه الأحرف فتتم من اليسار إلى اليمين حيث إن النقطة العليا إلى اليسار تسمى رقم (١)، والتي تحتها (٢)، والتي تحتها (٣)، ثم ننتقل إلى الصف الثاني فالعليا نسميها (٤)، والتي تحتها (٥)، والتي تحتها (٦) وهي كما في الشكل (٤)

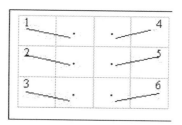

الشكل رقم (٤)

تمثيل حروف برايل

## ٥.الاتصال التكنولوجي

إنّ فكرة الاتصال التكنولوجي قائمة على توظيف الحاسوب والتقنيات الحديثة سواء أكانت منطوقة أم مسموعة أم مرئية، حيث تعتبر نظاماً بديلاً عن نظام الصوت الإنساني الطبيعي ليساعد الأفراد ذوي المشكلات اللغوية في الاتصال بذوي الحاجات الخاصة من الصم والمكفوفين، والإعاقات الذهنية، وذوي المشكلات التعبيرية اللغوية في التعبير عن أنفسهم من خلال النظام الصوتي البديل القائم (الروسان، ٢٠٠٠).

إن توظيف التقنيات الحديثة والحاسوب جعل من العملية التعليمية التعلمية لذوي الحاجات الخاصة أمراً سهلاً وبسيطاً أكثر من الطرق التقليدية، فعلى سبيل المثال تمثلت خدمات الحاسوب للمكفوفين في مجال قراءة الرسائل النصية بطريقة لفظية مسموعة من خلال تحويل النص المكتوب إلى مادة منطوقة ومسموعة.

وهناك عدة خدمات اتصال عن بعد في مجال التواصل مع ذوي الحاجات الخاصة يتمثل أهمها فيما يلي:

(أ) هاتف مزود برابط هوائي يوفر تضخيم الصوت عبر وسائل مساعدة للسمع.

(ب) هاتف مزود بمؤشر بصري يعرض المكالمات الواردة بصرياً لضعاف السمع.

(ج) هاتف يتركب من جهازي الإرسال والاستقبال معاً في لوحة واحدة ليسهل حمله.

(د) هاتف بلوحة مفاتيح كبيرة لسهولة رؤية المفاتيح والوصول إليها.

(هـ) هاتف نصي يوفر نص لغوي لمن يعاني من مشكلات في النطق.

(و) هاتف مرئي يوفر فرصة للغة الإشارات وقنوات أخرى لمن يعاني من مشكلات في السمع والبصر.

(ز) هاتف نصي ـ لخدمة الطباعة المتكلمة وهي تحويل النص المطبوع إلى صور والعكس (عبد السميع وآخرون، ٢٠٠٤م).

**العوامل المؤثرة في عملية الاتصال عند ذوي الحاجات الخاصة**

هناك عدة عوامل تؤثر في عملية الاتصال عند ذوي الحاجات الخاصة هي كالتالي:

**(١) قوة الحواس المتبقية**

حيث يلجأ ذوي الحاجات الخاصة إلى تعويض النقص الناتج عن قصور حاسة ما، إلى استخدام الحواس السليمة المتبقية لديهم، فالمكفوف مثلاً يلجأ إلى حاسة السمع، واللمس في اتصاله مع الآخرين، أما الأصم فيلجأ إلى حاسة البصر، والتذوق.

**(٢) المستوى العمري**

إن الاتصال والتعلم كلاهما يتأثران بالنضج والنمو المعرفي لدى المتعلمين، مما يوجب مراعاة خصائص النمو المعرفي الخاصة بكل إعاقة في التواصل مع ذوي الحاجات الخاصة، حيث نجد أن اهتمامات الموهوبين تماثل اهتمامات المتقدمين في السن. بينما يتسم

الطفل المعاق ذهنياً بأن معدل نموه العقلي أقل من العاديين، أما الصم فيعانون من التأخر في مستوى النمو العقلي المعرفي بثلاث إلى أربع سنوات مقارنة بالأطفال العاديين.

## (٣) الخبرات السابقة

تعتبر الخبرات السابقة من العوامل الهامة في عملية الاتصال لذوي الحاجات الخاصة، حيث إن الخبرات السابقة تساعد على فهم وتفسير المعرفة والعلاقات التي يتعرض لها المتعلم، مما تنمي لديه القدرة على التواصل.

## (٤) الحالة النفسية لذوي الحاجات الخاصة

إن الحالة النفسية التي يمر بها ذوي الحاجات الخاصة تؤثر إلى حد كبير في عملية الاتصال بالآخرين، حيث إنه كلما تميز الفرد بالاتزان الانفعالي، والاستقرار النفسي كلما ساعده ذلك التعامل والتفاعل مع المواقف، وتتأثر الحالة النفسية لذوي الحاجات الخاصة بعاملين هما: تقبل الإعاقة، والاتجاهات الاجتماعية.

## (٥) الخدمات وبدائل قنوات الاتصال المقدمة

إن الخدمات المقدمة لذوي الحاجات الخاصة تؤثر على تعلمهم واتصالهم بالآخرين، حيث إن القصور في الخدمات المقدمة لهم يقلل من قدرتهم على الاتصال بالآخرين.

## (٦) الجنس

دائماً ما تتباين نتائج الدراسات حول متغير الجنس في العملية التعليمية والاتصال، إلا أنه بشكل عام تعتبر خبرة الذكور أكثر من خبرة الإناث، حيث تتاح لهم الفرص أكثر للخروج ومشاهدة الأشياء في البيئة أو البيئات الأخرى (خميس، ١٩٩١م).

## (٧) الفروق الفردية

نظراً لوجود فروق فردية ما بين ذوي الحاجات الخاصة أنفسهم، فمن الطبيعي أن اتصالهم مع الآخرين يختلف من شخص لآخر وفقاً لقدراتهم وإمكاناتهم.

## (٨) البيئة التعليمية والظروف الفيزيقية

إن مكان الاتصال يؤثر في عملية الاتصال، فالبيئة التعليمية المناسبة يجب أن تتوفر فيها المقومات الفيزيقية للاتصال مثل: المساحة، الإضاءة، والتهوية، والمقاعد، والأجهزة، والتجهيزات التعليمية.

## قنوات الاتصال لذوي الحاجات الخاصة

تعتبر قنوات الاتصال بمثابة وسائل نقل الرسالة التعليمية بكافة أنواعها. وهذه القنوات تشمل كل من: المواد التعليمية من أفلام، وصور، وأشرطة تسجيل، ونماذج وغير ذلك الكثير. كما تشمل الأجهزة التعليمية مثل: جهاز عرض الشفافيات، وجهاز التسجيل، والحاسوب. وتقوم هذه الوسائل بدور أساسي ورئيس في العملية التعليمية التعلمية.

## معايير اختيار الوسائل التعليمية لذوي الحاجات الخاصة

(١) توافق الوسيلة مع الغرض الذي نسعى إلى تحقيقه منها، فالأفلام التعليمية المتحركة تصلح لتقديم المعلومات التي قد تكون الحركة أساسية فيها، إنما تستخدم الصور الثابتة ما لم تكن الحركة مهمة بالموضوع.

(٢) توافق الوسيلة مع موضوع الدرس: يجب أن تكون الوسيلة وثيقة الصلة بموضوع الدرس، فلا فائدة من استخدام وسيلة لا تتصل بالموضوع وتكون مصدراً للبس وتعقّد تعلم ذوي الحاجات الخاصة.

(٣) توافق الوسيلة مع أعمار المتعلمين وخبراتهم وقدراتهم: يجب أن تراعى في عناصر الموضوع التي تعرضها الوسيلة وطريقة العرض أن تتناسب مع المتعلمين، حيث إنها لا يجب أن تكون أعلى من مستوى المتعلم أو أنها تعرض بطريقة لا تتوافق مع القصور الناتج عن نقص حاسة ما بحيث يصعب عليه فهمها أو تصورها أو ربطها بخبراته السابقة فيشعر بالعجز حيالها.

(٤) إنتاج الوسيلة بحجم مناسب: بحيث تكون الوسيلة في حالة عرضها على المتعلمين كمجموعة واحدة أن يكون حجمها مناسب ليراها الجميع.

(٥) توافر معايير جودة الصناعة والإنتاج للوسيلة: يجب أن تكون الوسيلة متينة الصنع، ومقاومة للتلف لتداولها بين المتعلمين ذوي الحاجات الخاصة.

(٦) أن تكون الوسيلة اقتصادية في الجهد والمال المبذولين في إنتاجها: يفضل استخدام الوسائل المتوفرة في البيئة التعليمية، ليس فقط أن هذا المدخل يساعد على تعريف ذوي الحاجات الخاصة على التعرف ببيئتهم، بل أيضاً لدمجهم مع العاديين في المدرسة والبيت والمجتمع من حولهم.

**تصنيفات الوسائل التعليمية**

هناك عدة تصنيفات للوسائل التعليمية منها ما يعتمد على الحواس، ومنها ما يعتمد على الخبرات، ومنها ما أخذ معايير متعددة مثل ارتفاع وانخفاض التكلفة، وصعوبة وسهولة الاستخدام، ومدى توفر الوسيلة أو عدم توفرها.

إلا أن التقسيمات الشائعة هي:

**١- على أساس الحواس:**

إن الحواس لازمة ومهمة جداً للعملية التعليمية التعلمية، حيث يتم التعلم عن طريق الحواس، وكلما زاد عدد الحواس التي يستخدمها المتعلم كان التعلم أقوى وأثبت. وباعتبار أن الحواس تعمل منفصلة وهي جميعها تصب في الدماغ مركز الإدراك فقد قسمت الوسائل إلى الأنواع التالية:

(أ) وسائل سمعية (***Audio Aids***): وهي التي تعتمد على حاسة السمع مثل: الراديو، المسجل، الهاتف، ومختبرات اللغة.

(ب) وسائل بصرية (***Visual Aids***): وهي التي تعتمد على حاسة البصر مثل: الخرائط، واللوحات التوضيحية، والأفلام الصامتة، والكتب، والمجلات.

(ج) وسائل سمعبصرية (***Audio Visual Aids***): وهي الوسائل التي تعتمد على حاستي السمع والبصر مثل: السينما، والتلفزيون.

٢- على أساس الخبرات:

يتم تقسيم الوسائل على أساس الخبرات التي يمر بها المتعلم، وأول من قسمها بناء على الخبرات (ادجارديل) عميد شعبة التربية في جامعة كولومبس بولاية أوهايو الأمريكية، وقد قسمها إلى ثلاثة أنواع:

(أ) وسائل يتم اكتساب الخبرة منها بواسطة العمل المحسوس: وتضم العمل المباشر الهادف، والعمل غير المباشر الهادف والذي يضم النماذج، والمقاطع، والعينات، والتمثيل، وتقمص الشخصيات.

(ب) وسائل يتم اكتساب الخبرة منها بواسطة الملاحظة المحسوسة: وتضم هذه المجموعة المشاهدات الواقعية، والرحلات التعليمية، والمعارض، والوسائل السمعية والبصرية الثابتة، والوسائل السمعية والبصرية المتحركة.

(ج) وسائل يتم اكتساب الخبرة منها بواسطة البصيرة المجردة وتضم:

- الرموز المصورة: الخرائط، الرسوم البيانية.

- الرموز المجردة: المعادلات بأنواعها الرياضية، والفيزيائية، والكيميائية.

وقد أطلق (ادجارديل) الأنواع السابقة من الوسائل في هرم مخروطي الشكل أطلق عليه اسم مخروط الخبرات (The Cone of Experience).

## تصميم الوسائل التعليمية وإنتاجها لذوي الحاجات الخاصة

### أولاً: التخطيط لتصميم وإنتاج الوسائل التعليمية التعلمية

يجب على مصمم الوسيلة التعليمية قبل البدء بعمله أن يكون ملماً بما يلي:

1. خصائص الوسيلة التعليمية الجيدة.
2. معرفة دقيقة بخصائص وتقنيات جميع الوسائل التعليمية.
3. طبيعة التخطيط.
4. كيفية إنتاج كل وسيلة يريد تطويرها.
5. مصادر المواد الداخلة في عملية الإنتاج.

لذا يجب البدء بتعريف الخطة وهي:

"عمل مبرمج يعتمده المخطط لتحقيق أهداف محددة مسبقاً. بمعنى أنه يتوجب على المخطط تحديد الإجراءات أو الأساليب التي يعتقد أنها قادرة على تحقيق الأهداف التي يريد إنجازها، أما في العملية التعليمية التعلمية فلا بد للمعلم من معرفة طبيعة الخطة التعليمية التدريسية، لأن حجم النجاح الذي يحققه المعلم في عمله يعتمد على مقدار استعداده وطبيعة الظروف المحيطة بالعملية".

### إجراء الخطة

على المخطط مراعاة ما يلي عند وضع خطه:

1. الحاجات الأساسية للمجتمع.
2. حاجات المتعلمين.
3. الفلسفة الاجتماعية التي تحدد السياسة العامة للدولة، والفلسفة التربوية في القطر.
4. المفاهيم التربوية والنفسية للمتعلمين وللوسيلة التعليمية.

٥.	المتخصصون في مجال الخطة.

٦.	وجهات نظر المنفذين للخطة ومدى فهمهم لأبعادها الفلسفية كأساس للتقويم.

٧.	تقويم الخطة.


**الجوانب التي يشملها التخطيط والتصميم لإنتاج الوسائل التعليمية**

**أولاً: تحديد خصائص المتعلمين (الفئة المستهدفة)**

عند تصميم مادة الوسيلة التعليمية يجب الأخذ في الاعتبار العديد من النقاط التي تتعلق بالمتعلم نفسه من حيث:


## ١. مستوى المتعلمين، ونوع الإعاقة الموجودة عندهم

يراعى عند إنتاج الوسيلة التعليمية ألا تكون أقل من مستوى تفكير، وإدراك المتعلمين فينظرون إليها نظرة تتسم بعدم المبالاة، بل يجب أن تصمم الوسيلة لتكون في مستوى أعلى قليلاً من مستواهم؛ لكي تتحدى تفكيرهم وتثير عندهم الأسئلة الناتجة عن حب الاستطلاع، كذلك أن تلبي الحاجات التعليمية لذوي الحاجات الخاصة، بمعنى أن نزودهم بشيء من المعلومات، إضافة لما يمتلكونه حيث نعزز فيهم قدرات الإبداع والإدراك.


## ٢. تحليل المهارات القبلية للمتعلمين

إذ يجب أن نعرف قبل تصميم وإنتاج الوسيلة التعليمية ما هو موجود لديهم من خبرات سابقة، حتى تضيف الوسيلة إليه خبرات جديدة تبنى على قاعدة تشكل الهرم المعرفي للمتعلمين.


## ٣. تحليل الميول والرغبات والاتجاهات

لا بد للمعلم في حين يشرع في بناء وسيلة تعليمية جديدة أن يراعي طبيعة الميول، والاتجاهات، والمشاعر لدى هؤلاء المتعلمين. حيث إن بعض المتعلمين يقبلون على نوع معين من الوسائل التعليمية التي تنسجم مع ميولهم، واتجاهاتهم، ويبتعدون عن الوسائل التي لا

تنسجم معهم. فبعض المتعلمين يهوى الحصص العملية ويبتعدون عن الجوانب النظرية، شعوراً منهم بأن الجانب العملي يجلب لهم المتعة في تشغيل حواسهم.

**ثانياً: تحديد الأهداف الأدائية التي تسعى الوسيلة إلى تحقيقها**

صنّف بلوم الأهداف التعليمية إلى ثلاثة مستويات هي:

١. المستوى العقلي (المعرفي).

٢. المستوى الانفعالي (العاطفي).

٣. المستوى الحس حركي.

عند تصميم وإنتاج وسيلة تعليمية يجب أن يراعى بأن هذه الوسيلة ستحقق الهدف المنشود أو تساعد على تحقيقه. فقد تجمع الوسيلة الواحدة أكثر من هدف تعليمي، لكنها لا تعمل على تحقيق كل الأهداف، وقد تجمع الوسيلة التعليمية الواحدة أكثر من منبه أو مثير تعليمي لكنها لا تحتوي على كل المثيرات والمنبهات التعليمية.

أما بالنسبة لذوي الحاجات الخاصة فيجب أن تعمل الوسيلة على حفزهم للإبداع، فإذا كانت الإعاقة حركية مثلاً يجب أن يراعى في تصميمها وإنتاجها طريقة الاستخدام في أجزاء الجسم السليمة الخالية من الإعاقة الحركية.

**ثالثاً: اختيار الوسيلة التعليمية**

يتحدد اختيار الوسيلة بناءً على تحليل خصائص المتعلمين، وتحديد الهدف المرجو من استخدامها، وعليه فإن الاختيار يجب أن يراعي الصفات الجيدة للوسيلة، سواء أكانت بصرية أم سمعية أم سمعبصرية.

**رابعاً: استخدام الوسيلة**

بعد الانتهاء من تصميم الوسيلة وإنتاجها، ووضع القواعد العامة لها، تبدأ عملية التنفيذ، حيث إن نجاح الوسيلة التعليمية في تحقيقها للأهداف يعتمد على استخدام الوسيلة. وبناءً على عملية الاستخدام يلاحظ مدى فعالية الوسيلة، وهل نجحت الوسيلة في

تحقيق الأهداف المتوخاة منها، وعلى طبيعة الاستخدام تتوقف حاجة الوسيلة إلى تطوير أم لا.

## خامساً: تقويم الوسيلة وتطويرها

بناءً على دخول الوسيلة حيّز التنفيذ، يمكن الحكم على الجوانب التي ساهمت الوسيلة في تحقيقها وهل كانت ناجحة أم فاشلة؟ أما عوامل نجاحها فتقاس بكمية ونوعية النجاح الذي حققته. بعدها يمكن القول أن الوسيلة بحاجة إلى تطوير في شكلها أو محتواها أم لا.

الوسائل السمعية والبصرية والسمعبصرية والمتفاعلة

## أولاً: الإذاعة (*Radio*)

يعتبر المذياع أو الراديو كما يسميه البعض من أهم وسائل الاتصال الجماهيري وأكثرها انتشاراً في العالم وأرخصها ثمناً، وبالرغم من التطور الكبير الذي حصل في مجال استخدام التلفاز والحاسوب ما زالت الإذاعة الصوتية (المذياع) تستخدم على نطاق واسع كإحدى وسائل الاتصال الأكثر انتشاراً في مجالات التعليم لعدة أسباب أهمها:

١. قلة تكاليف إنتاج أو استقبال برامج الإذاعة المسموعة: ويعود سبب ذلك إلى النقص في تكاليف الأجهزة والمعدات اللازمة لإنتاج هذه البرامج، وكذلك توفر أجهزة الاستقبال في كل بيت بأسعار معتدلة.

٢. الفورية: حيث يمكن الاستماع إلى كثير من الأحداث وقت حدوثها.

٣. تجاوز حدود الزمان والمكان: إذ يمكن عن طريق تسجيل البرامج وإعادة إذاعتها أن نستمع لأحداث هامة وقعت من سنوات مضت.

٤. التأثير الانفعالي للبرامج والتمثيليات واستخدام الموسيقى التصويرية، الأمر الذي يترك أثراً انفعالياً لدى المستمعين، خاصة مع استخدام موسيقى تصويرية ومؤثرات صوتية.

٥. الصدق والواقعية: من أهم الصفات التي تشترك فيها الإذاعة مع غيرها من وسائل الاتصال الجماهيرية أن تكتسب الأنباء والمعلومات التي يستقيها الشخص من هذه الوسائل صفة الصدق، فكثيراً ما يدلل الشخص على صدق ما يراه بأنه حصل على تلك المعلومة من الصحيفة، أو الاستماع إلى الراديو، أو مشاهدة التلفزيون.

٦. إتاحة الفرصة لتنمية خيال المستمعين: فالكلمة المسموعة لا تعوق خيال المستمع من أن ينطلق فيرسم بنفسه صورة ذهنية لما يشعر به في نفسه.

## المذياع كوسيلة تعليمية:

باعتبار المذياع وسيلة تعليمية فإن له عدة فوائد أهمها:

١. توصيل المعلومات والمهارات والأفكار والآراء إلى المتعلمين وهم في صفوفهم.

٢. إذاعة الدرس من قبل معلم مشهور أو ناجح مشهود له بالمقدرة من المعلمين الأكفاء.

٣. يكتسب المعلم نفس الخبرة من خلال سماعه لعدد من الدروس التي يقدمها معلمون أكفاء.

## تنظيم التعلم باستخدام برامج الإذاعة

هناك نوعان رئيسان من البرامج التي تبث من خلال الإذاعة هما:

١. موجه للمستمعين كافة وهذا يسمى البرنامج العام.

٢. البرامج التعليمية الخاصة الموجهة للمتعلمين في المدارس، وتبث ضمن خطة سنوية أو فصلية تتماشى مع المقررات الدراسية وتوزع على كافة المدارس.

ولتتم الاستفادة من هذه البرامج التعليمية على المعلم القيام بالتخطيط لاستخدامها ويقترح ما يلي:

أ. الاطلاع على البرامج الإذاعية وأوقات بثها.

ب. الاطلاع على الكتيبات التي توضح محتوى البرامج ومقارنة ذلك بالمنهاج.

ج. تهيئة المكان لاستقبال البث الإذاعي أو تسجيل البرنامج على شريط خاص لاستخدامه في الوقت المناسب.

د. التخطيط للنشاطات التي سيقوم بها المتعلمين قبل أو أثناء أو بعد استماعهم للبرنامج الإذاعي.

## ثانياً: مختبرات اللغة (*Language Laboratories*)

ويعتبر من الوسائل السمعية الهامة في العملية التعليمية التعلمية، حيث تقوم بدور فاعل في تعليم اللغات بعامة والأجنبية بخاصة، وبتطوير المهارات في هذا المجال.

تعد مختبرات اللغة من وسائط التفاعل التي تعرض المعلومات للمتعلمين وتدفعهم ليمارسوا شيئاً منها حتى يستمر التعلم، ويمارسون اللغة في مواقف حقيقية ويستمعون إلى اللغة الأصلية مما يساعده على النطق السليم وتهذيب الاستماع.

### أنواع مختبرات اللغة

أ. السمعي.                    ب. السمعي البصري.

### استخدامات مختبرات اللغة

١. تعليم اللغات الأجنبية.

٢. تدريب الطلبة على المهارات اللغوية من خلال الاستماع والتكرار وموازنة نطقه بغيره.

٣. تنمية مهارات الطالب في القواعد والاستيعاب والاتصال.

ولضمان نجاح مختبرات اللغة لا بد من توفر:

١. كفاءات بشرية مؤهلة أكاديمياً وفنياً (مختص في التقنيات).

٢. أجهزة حديثة متطورة.

٣. دورات مستمرة للعاملين في مختبرات اللغة.

٤. قسم لصيانة الأجهزة وضمان فاعليتها.

٥. التعاون التام مع المعلمين لتلبية احتياجات المتعلمين بشكل مستمر.

تتكون مختبرات اللغة من أجهزة يستخدمها المعلم وهي عبارة عن لوحة مفاتيح رئيسة تحتوي على مفاتيح التحكم بالتشغيل وبالبرامج التي يستخدمها المتعلمين، وأجهزة فيديو وتلفاز كي يشاهد المعلم كيفية أداء المتعلمين للمهارة.

وهناك أجهزة يستخدمها المتعلمين توجد في مقصورة كل متعلم، وهي عبارة عن مسجل كاسيت وسماعة رأس وهي قليلة التشويش، وتعمل بشكل أوتوماتيكي حال الانتهاء من استخدام شريط الكاسيت.

ثالثاً: الرسومات التعليمية "التوضيحية" (Diagrams)

وهي عبارة عن جميع الرسوم الكبيرة مهما كان نوعها ملونة أو غير ملونة، والتي يستعين بها المعلم لتوضيح فكرة علمية.

وقد تكون هذه الرسوم من إنتاج المعلم أو مهداة للمدرسة أو تم شراؤها، وتعتبر من الرموز المصورة (رغم أنها لا تشمل الصور الثابتة والملصقات ومثال عليها: الرسوم التخطيطية التي توضح أجزاء جسم الإنسان، أو الرسوم التوضيحية لمكونات جهاز التلفاز وغير ذلك)، وهي كغيرها من الرسوم الثابتة يجب أن تتوافر فيها:

- الدقة العلمية.

- واقعية الألوان.

- الانسجام بين أجزائها.

- أن تكون مناسبة للأهداف التعليمية وخبرات المتعلمين.

- أن تكون مناسبة في حجمها لحجم المتعلمين.

مصادرها

- من إنتاج المعلم.

- من إنتاج المتعلمين.

- من إنتاج مديرية التقنيات التعليمية.

- من إنتاج شركات تجارية مختصة.

**أنواعها**

١. **الرسوم الهندسية**: وتشمل جميع الأشكال الهندسية التي يرسمها المعلم أثناء شرحه على السبورة، أو التي تكون قد أعدّها المعلم أو أحد المتعلمين مسبقاً على لوح من الكرتون لاستخدامها في تقريب المفاهيم الهندسية المجردة.

٢. **رسوم الكاريكاتور**: وهي معروفة لدى الغالبية من المجتمع مثل التي نشاهدها في الصحف، وهي تعبر عن فكرة ما سياسية أو اجتماعية أو اقتصادية أو علمية أو تربوية، فهي اختصار لفكرة من أفكار الموضوعات السابقة.

٣. **الرسوم التوضيحية المستخدمة في مواد الدراسة المختلفة مثل**: الاجتماعيات، والعلوم، والتربية الإسلامية كرسم مخطط لموقع غزوة بدر، أو الخندق، أو رسم توضيحي لكيفية الطواف حول الكعبة.

## رابعاً: الخرائط والكرات الأرضية

تعتبر الخرائط من الوسائل التعليمية المعروفة في قدم استخدامها فقد ذهب البعض إلى الاعتقاد أن جذور استخدامها يعود إلى أعماق التاريخ قبل الحضارات الفرعونية والصينية، إلى العصور الجليدية حيث الحضارات المفقودة التي تشبه إلى حد بعيد ما نحن عليه من تقدم علمي.

**أنواعها**

١. الخرائط حسب الرموز المستخدمة في تطويرها ويندرج تحتها الأنواع التالية:

- **الخرائط الطبوغرافية**: وهي التي تعتمد على الرمز المجسم، والخطوط الكونتورية. وتفيد هذه الخرائط في إظهار أنواع الطبقات الأرضية وعمقها، إضافة إلى مظاهر السطح للأرض، أي أنها تضم الخرائط البيولوجية (طبقات الأرض)، والجيومورفولوجية (الأنهار، والأودية، والسهول... وغيرها من مظاهر السطح الأخرى).

- **الخرائط الجغرافية**: التي تبحث في المناخ، والجغرافيا البشرية، والسياسية، والاقتصادية، والمواصلات.

٢. الخرائط حسب المحتوى ويندرج من ضمنها الأنواع التالية:

- الخرائط الجيومورفولجية.

- الخرائط الجيولوجية.

- خرائط المواصلات.

- الخرائط المناخية.

- الخرائط السكانية.

- الخرائط السياسية.

- الخرائط الاقتصادية.

- الخرائط الخاصة بمجتمع أو نشاط معين مثل: الخرائط العسكرية، وخرائط تنفيذ المشروعات الخاصة.

٣. الخرائط حسب الأبعاد وهناك نوعان رئيسان منها:

- **الخرائط ذات البعدين (الطول والعرض)** وتشمل الخرائط المستوية مثل: خرائط الأطالس، والخرائط التعليمية في الكتب المدرسية، والخرائط التعليمية الحائطية.

- **الخرائط ذات الأبعاد الثلاثة** مثل: الكرات الأرضية، الخرائط المجسمة الأسفنجية وغيرها.

٤. الخرائط حسب المساحة ويقصد بها المساحة التي تمثلها الخريطة، ونبدأ بالأصغر:

- **الخرائط المحلية:** وتمثل أماكن محدودة في البيئة المحلية مثل خريطة المدرسة، القرية، المدينة.

- **الخرائط الإقليمية:** وتمثل مجموعة من الأقطار في إقليم واحد مثل إقليم الشرق الأوسط، وجنوب شرق آسيا.

- **الخرائط العالمية** مثل: خرائط العالم المختلفة السياسية، والاقتصادية، والطبيعية.

## معايير اختيار الخرائط واستخدامها في العملية التربوية

هناك عدة معايير يجب مراعاتها عند اختيار الخريطة الجيدة في عمليتي التعلم والتعليم، وأهم هذه المعايير ما يتعلق بالمحتوى، والشكل، والإخراج، وهي كالتالي:

١. **الشروط الفنية:** ويقصد بها الإخراج الجيد من حيث: اللون، والخط، ونوع الورق، والقماش المستخدم في عملية الصنع، والانسجام بين هذه العناصر.

٢. **الشروط العلمية:** ويقصد بها دقة المعلومات وحداثتها، ومناسبتها للمتعلمين والأهداف التعليمية.

٣. **الشروط الاقتصادية:** ويقصد بها مدى توافرها في متناول المعلم بأسعار معقولة، وإمكانية استخدامها لأكثر من هدف تعليمي واحد، أو حتى لمادة دراسية واحدة، إضافة إلى إمكانية حفظها وديمومتها لفترة طويلة بحيث تكون متينة الصنع ودقيقة.

٤. **شروط أخرى:** ويمكن تسميتها بالشروط النفسية للمتعلم مثل: حجم الخرائط وتناسبها مع المتعلمين، بعدها عن الازدحام بالتفصيلات أو الرموز الجغرافية المعقدة والتي لا تناسب الخبرات السابقة للمتعلمين.

## خامساً: الرسوم البيانية

وهي وسيلة تعبر بشكل بصري عن علاقات إحصائية بحيث تعطي المتعلم تصوراً سريعاً وسهلاً ودقيقاً لهذه العلاقات.

### أنواعها

١. **الرسوم البيانية:** وهي أدق الرسومات البيانية لأنها توضح العلاقات بين مجموعتين من البيانات، وتمثل المجموعتين بالإحداثي الأفقي والعامودي، أما القيم المتغيرة فتمثل بشكل نقاط يتم التوصيل بينها بخطوط حسب توزيع النقاط فقط، وتكون هذه الخطوط منكسرة أو منحنية أو مستقيمة، وقد تكون متصلة أو منفصلة انظر الشكل رقم (٥).

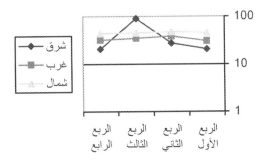

الشكل رقم (٥)

الخطوط البيانية

٢. **الأعمدة البيانية:** وتستخدم الأعمدة البيانية في حالة المقارنة بين موضوعات متشابهة لفترات زمنية مختلفة مثل: تطور التعليم في دولة ما مثلاً من (١٩٥٠- ١٩٩٠)، وتتميز الأعمدة بسهولة قراءتها إذا استخدمت الألوان المختلفة.

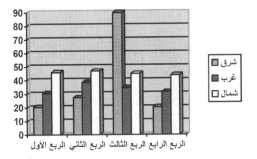

الشكل رقم (٦)

الأعمدة البيانية

٣.**الدوائر:** وهي عبارة عن دائرة تمثل الظاهرة كاملة، وكل جزء فيها يمثل جزءاً من الشكل، مثل القطاع الاقتصادي في دولة ما، فكل جزء من الدائرة يمثل نسبة مئوية حسب حجمه، لهذا فإن الدائرة البيانية تبين العلاقة بين عدة أجزاء وبين الموضوع الكلي الذي تحتويها.

الشكل رقم (٧)

الدوائر البيانية

٤.**الصور البيانية:** وفي هذا النوع تستخدم الرموز المصورة للتعبير عن الوحدة في الموضوع الذي تمثله، مثل التعبير عن إنتاج الخضار برسم صندوق صغير أو برسم علبة مربى الطماطم إشارة إلى إنتاج زراعي. وتتميز الصور بأنها أكثر أنواع الرسومات واقعية لأنها تعطي فكرة مباشرة عن الموضوع.

**سادساً: الملصقات**

وهي ضمن الصور التي تعمل على نقل فكرة أو جزء من فكرة بشكل مصور.

وتستخدم لأغراض التوعية الصحية، والاجتماعية، والسياسية، والصناعية، كما أنها تستخدم في المدرسة للمساهمة في تحقيق بعض الأهداف التربوية ونقل المعلومات. كما تستخدم في الدعايات التجارية، أو السياسية مثل: الانتخابات البرلمانية والرئاسية والنقابية، وبما أنها تحمل فكرة واحدة مهمة، فإن الهدف منها لفت انتباه المتعلمين، لذا يجب أن تحتوي على عنصر شد الانتباه مثل: الألوان الصارخة، أو المعلومات البسيطة.

**معايير الملصقات الجيدة**

حتى يحقق الملصق فوائده وأهدافه يجب أن تتوفر فيه الصفات التالية:

١. **البساطة:** بحيث يحمل الملصق في مضمونه فكرة واحدة واضحة بسيطة مثل: الامتناع عن التدخين، أو المخدرات.

٢. **الاتزان:** أي الانسجام بين محتويات الملصق.

٣. **الألوان:** بحيث تكون صارخة ملفتة للنظر، ويتحقق هذا من استخدام الألوان المتناقضة مثل:

| لون الأرضية | لون الموضوع المصور |
|---|---|
| **بيضاء** | **أزرق غامق، أخضر، أحمر** |
| **صفراء** | **أسود، أحمر** |
| **حمراء** | **أخضر** |

٤. **الملاءمة للمتعلمين:** من حيث الخبرات السابقة، وحجم المتعلمين، والأهداف.

٥. **استخدام العبارات المختصرة مع الملصق:** لا يجوز أن تطغى العبارات على الملصق، وإلّا خرج عن كونه ملصقاً إلى لوحد تعليمات.

**سابعاً: الدفاتر القلاّبة**

يعرف الدفتر القلاّب بأنه: مجموعة من الصور والعبارات التوضيحية بحجم موحد، وتعالج موضوعاً واحداً. وقد يكون الدفتر من ورق البريستول الموحد (٥٠-٣٥سم) أو من صفائح البلاستيك، بحيث تحتوي كل ورقة أو صفيحة صورة لجزء من موضوع تقلب الواحدة تلو الأخرى لتعطي في النهاية فكرة عن موضوع معين.

## استخداماتها

تعتبر الدفاتر القلابة ذات مـردود تربـوي جيد خاصـة في المرحلـة الإلزاميـة، ولجميع المواد الدراسية مثل: الرياضيات، واللغات، والعلوم.

## ثامناً: الصور التعليمية

وتعرف أيضاً بالصور المسطحة، وهي عبارة عن جميع الصور الفوتوغرافيـة، وصور المجـلات، والصـحف، وغيرهـا. وتعتـبر وسـائط مرئيـة ذات بعـدين (الطـول، والعرض)، ويمكنها تمثيل أي موضوع في الحياة بواقعية دون تشويه أو تحريف.

## استخداماتها

١. تجسيد المعاني والخبرات اللفظية إلى مادية يمكن أن يدركها المتعلم بسهولة.

٢. تؤدي إلى فهم موضوع التعلم دون الحاجة إلى لغة لفظية؛ لذا فإنها تصلح لتعليم الفئات التي لا تحسن القراءة مثل: الأميين، والأطفال قبل سن المدرسة.

٣. تؤدي إلى التشويق وشد انتباه المتعلم.

٤. تختصر الوقت اللازم لتوضيح بعض المفاهيم التي يحتاج المعلم لشرحها لفظياً.

## تاسعاً: اللوحات التعليمية

تعتبر السبورة الوسيلة المساعدة للمعلم في غرفة الصف منذ القدم، حتى أننا لا نتصور صفاً بدون وجود سبورة. وقد عرف لوح الطباشير منذ القدم، وما يزال حتى اليوم فهو من أكثر الوسائل استخداماً في العالم.

## اللون المفضل للسبورة

كان اللون الأسود هو المستخدم في السبورة حتى أنه كان يسمى ( *Black Board* )، لأن اللون الأسود هـو الـدارج في ذلك الوقت، إلا أن رجـال التربيـة بعـد دراسات وأبحاث نصحوا باستخدام اللون الأخضر للأسباب التالية:

١. أن اللون الأسود يمتص الضوء وبذلك يقلل من نسبة الإضاءة في الغرفة، خاصة إذا كانت الغرفة قليلة الإضاءة.

٢. أن اللون الأسود يوحي بالخوف للطفل لأنه يذكره بالليل والأحلام المزعجة، وبثوب الحداد الأسود الذي يرمز إلى الفجيعة.

٣. التضاد بين لون الطباشير الأبيض والسبورة السوداء يؤدي إلى إرهاق شبكية العين خاصة إذا طالت مدة النظر إليه.

٤. كثرة الكتابة عليه تؤدي إلى أن يبهت لونه، وبالتالي لا تظهر عليه الكتابة بوضوح خاصة إذا كانت المسافة بين المتعلمين والسبورة بعيدة.

**وضع وارتفاع اللوح المناسبين في غرفة الصف**

عند تثبيت اللوح في غرفة الصف علينا اختيار المكان المناسب، بحيث لا تسقط عليه أشعة الشمس، ويؤدي ذلك إلى عدم الرؤية الجيدة، وأن تكون الإنارة الداخلة للغرفة من الجهة اليسرى للسبورة، وعادة ما يكون على الجدار الذي يقع بجانب الباب.

أما عن ارتفاعه فيجب ملاحظة أطوال المتعلمين وأعمارهم، ومعنى ذلك أن ارتفاعه عن أرضية الغرفة نسبي بتغير الفئة المستهدفة من مرحلة تعليمية إلى أخرى.

**أنواعها**

١. سبورة الطباشير الثابتة ويأتي هذا النوع على شكلين هما:

● **سبورة الجدار المدهون:** وهو عبارة عن جزء من أحد جدران الصف يثبت له إطار، ويتم صنعه بحف القسم المراد من الجدار بورق زجاج مناسب ثم تتم معجنة هذا الجزء، ويترك حتى يجف ثم يعاد تنعيمه بورق زجاجي ناعم (درجة الصفر)، بعدها يتم دهنه بدهان مائي مناسب ولا يكتب عليه مباشرة بل يترك حتى يجف تماماً، وإلا فإن الكتابة تبقى غير واضحة عليه، لأن الدهان يمتص مسحوق الطباشير ويصبح جزءاً منه.

- **السبورة الخشبية:** وهي عبارة عن لوح خشبي مثبت على أحد الجدران وهو يشبه إلى حد كبير النوع الأول من حيث طريقة صنعه ومميزاته مع اختلاف في مادة الصنع حيث يصنع من لوح خشبي سميك معاكس حتى لا يتقوس.

٢. **سبورة الطباشير القلاّبة:** وهي عبارة عن لوح مصنوع من الخشب مثبت على رجلين لكل واحدة منهما قاعدة تثبيت، يثبت هذا اللوح بمسمارين في منتصف عرضه ليسهل قلبه لاستخدام الوجه الآخر منه، ويتميز باستخدام كلا وجهيه في نفس الوقت، خاصة في حل المسائل والامتحانات، وإمكانية استخدام أحد سطحيه كلوحة إعلانات أو معلومات مع إمكانية نقله من مكان إلى آخر، وإمكانية تحضير الدرس قبل موعد الحصة على أحد وجهيه وإخفاءه عن المتعلم ليتم إظهاره في الوقت المناسب.

٣. **سبورة الطباشير ذات الأجنحة:** وهي سبورة ثابتة لها جناحان متحركان بفصالات واحد من كل جانب، وعادة يكون كل جناح مساوياً لنصف اللوح بحيث يغطيانه عند الطي.

٤. **السبورة المنزلقة:** وهي عبارة عن عدة قطع من خشب الابلاكاج السميك التي تتحرك مثل زجاج النوافذ يميناً ويساراً، أو من أعلى إلى أسفل، وتشبه في خصائصها السبورة القلاّبة.

٥. **السبورة ذات السطح الدوّار:** وهي عبارة عن سبورة حديثة مصنوعة من مادة مطاطية في شركات متخصصة، ميزتها إخفاء المادة الدراسية لحين الحاجة إليها وسعة حجمها.

**عاشراً: لوحة الجيوب**

وهي عبارة عن لوح من الورق المقوى (البرستول أو الدوبلكس) مطوي بشكل جيوب متساوية لتحمل بطاقات أو صور أو كتابة.

**مميزاتها**

١. التشويق: حيث تثير انتباه المتعلم وتحفزه على المتابعة.

٢. إمكانية استخدامها لجميع المواد الدراسية ومختلف المراحل التعليمية.

٣. سهولة استخدامها وحملها وصنعها.

٤. قلة تكاليفها.

**الحادي عشر: لوحة الفانيلا (الوبرية)**

سميت بهذا الاسم نسبة إلى القماش المستخدم في صنعها وهو الفانيلا المتميز بوبره، ولا يعني ذلك عدم إمكانية استخدام المخمل، لكن لأن الفانيلا أرخص ثمناً.

**أنواعها**

١. **العادية:** ويتم صنعها بنفس الطريقة السابقة وتتميز بسرعة الصناعة وسهولة الاستخدام والحمل، وقلة التكلفة.

٢. **الكيس:** وهي مكونة من قطعة قماش فانيلا بحجم قياس لوحة الكرتون المقوى (١٠٠×٧٠ سم)، وتخاط من جميع الجهات إلاّ واحدة، حيث تدخل الكرتون المقوى داخل الكيس ثم تخاط الجهة الرابعة بالإبرة، وبذلك يصبح عندنا لوحة ذات وجهين، بمعنى أنها تحمل نفس ميزات العادية إضافة إلى إمكانية استخدام الوجهين.

٣. **الكتاب:** وهي عبارة عن لوحتين عاديتين، أو من نوع الكيس مثبتتين معاً على شكل صفحتين من كتاب بواسطة اللاصق أو الخياطة، وهي تحمل نفس ميزات الكيس، إضافة إلى إمكانية حفظ البطاقات بين اللوحتين.

٤. **الخارطة:** وهي عبارة عن قطعة قماش من الفانيلا بدون لوح كرتون، تثبت على خشبتين بعرض (٢) سم وسمك (١) سم، واحدة من الأعلى وأخرى من الأسفل على شكل الخارطة وتتميز بإمكانية طيّها وحملها بسهولة.

٥. **الصندوق:** وسميت بهذا الاسم نسبة إلى شكلها الذي يأتي بشكل صندوق خشبي عادي، يمكن فتح غطائه لنجد على هذا الغطاء من الداخل قطعة الفانيلا المثبتة عليه.

## الثاني عشر: لوحة المعلومات

ولها تسميات كثيرة حسب استخداماتها مثل: لوحة المعلومات، ولوحة العرض، ولوحة النشرات. ومهما تكن تسميتها فإنها تعتبر من أكثر اللوحات شيوعاً في المدارس والجامعات، والمعاهد، والشركات، والمكاتب، حيث إنها تعتبر وسيلة اتصال بين الإدارة ومجتمع المستفيدين، وهذه الوسيلة قليلة التكلفة وعامة في نقلها للمعلومات.

## استخداماتها

١. تنمية قدرات المتعلمين في اكتساب مهارات الاتصال الجيد، من خلال تلقيهم التعليمات عن طريق اللوحة، ومن خلال مشاركته في إعدادها.

٢. تعتبر وسيلة من وسائل التعلم الفردي، حيث يلجأ المتعلم إلى قراءة النشرات والتقارير المعروضة حسب قدرته، وفراغه، ورغبته.

٣. استغلال وقت فراغ المتعلم وتوفير وقت الحصة.

٤. بما أنها أسلوب من أساليب التعلم الذاتي فإنها تعتبر تنويعاً في أساليب التعليم.

٥. تساعد المتعلمين على نقل أفكارهم إلى غيرهم من خلال تقاريرهم التي يعرضونها أو من خلال الصور أو المقالات.

٦. تعتبر وسيلة من وسائل تقويم المتعلمين من قبل زملائهم، إضافة إلى عنصر التشويق وشد الانتباه.

## الثالث عشر: السبورة المغناطيسية

وهي الأكثر استخداماً في المدارس الحديثة، حيث تستخدم كسبورة مغناطيسية وكتابية في آن واحد. وأهم مميزاتها:

١. تسمح بعرض وتقديم عناصر الموضوع في تسلسل منطقي، بحيث يسهل تغيير وتبديل الموضوع ليتلاءم مع مستوى المتعلمين وحالتهم النفسية.

٢. تستخدم لجميع المواد الدراسية.

٣. تعدد أغراض استخدامها، فهي تستخدم كلوحة مغناطيسية وسبورة عادية، وشاشة عرض إذا كان لونها أبيض.

٤. يستخدمها المعلم والمتعلم معاً.

٥. تشد انتباه المتعلمين وخاصة تلك التي يتوفر فيها استخدام الصور أو الرسومات أو الحروف الممغنطة.

كان هذا تفصيل للوسائل التعليمية المستخدمة في تعليم الأطفال العاديين وذوي الحاجات الخاصة على حد سواء، إلا أن بعض الإعاقات تحتاج وسائل خاصة لتعليمها، وفيما يلي شرح مفصل لهذه الوسائل.

## التكنولوجيا لذوي الحاجات الخاصة

أصبحت التكنولوجيا جزءً أساسياً في مختلف مجالات الحياة، نظراً لما تقوم به من تسهيل المهمات الحياتية اليومية للأفراد، ومن ضمن ذلك توظيف التكنولوجيا في حياة ذوي الحاجات الخاصة، والتي تؤدي إلى تسهيل أمورهم، وتلبي الكثير من حاجاتهم بأقل جهد وعناء، وفي كثير من الأحيان بأقل تكلفة أيضاً.

لقد أدت التكنولوجيا إلى تقديم وتوفير الكثير من المهمات لذوي الحاجات الخاصة، وفي هذا المجال فقد جاء في ورقة تطويع ونقل التكنولوجيا الجديدة المخصصة لذوي الحاجات الخاصة في مؤتمر الاسكوا اللجنة الاقتصادية والاجتماعية لغربي آسيا للعام (١٩٨٩م) أننا نستطيع تلخيص أهم الآثار الإيجابية الخاصة بوضع التكنولوجيا الجديدة في متناول ذوي الحاجات الخاصة في حياتهم اليومية بالنقاط التالية:

- تطوير مهارات تساعدهم في الاعتماد على أنفسهم لمواجهة حياتهم العملية.
- تحسين قدراتهم على الاتصال.
- الارتقاء بقدرتهم على الحركة والانتقال.
- زيادة فرص العمل المتاحة لهم بفضل تدريبهم ومساعدتهم على التكيف مع وظائفهم.
- تطوير مهاراتهم للحفاظ على سلامة صحتهم العقلية.
- تحسين التدابير الطبية المتعلقة بالسيطرة على الأمراض.

كما يعتمد التشخيص والمداواة والعلاج الطبيعي والفسيولوجي أكثر على التقدم الذي تم إنجازه في المجالات التكنولوجية، ويتم تطوير تطبيقات جديدة في مجال التعليم، والتدريب، والتأهيل، والعمالة، كما تساعد الابتكارات الخاصة بالحاسبات والأجهزة الإلكترونية على تحسين القدرة على إجراء الاتصالات، مما يساهم في تحقيق الاعتماد على النفس لذوي الحاجات الخاصة، وفي تيسير دمجهم في مجريات الحياة اليومية في المجتمع المحيط بهم، بغض النظر عن طبيعة الإعاقة ودرجتها.

وتتمتع الحواسيب والتطبيقات الإلكترونية بميزات خاصة في مجال التأهيل المهني، وتهيئة ذوي الحاجات الخاصة للعمل. كما تسهل دمجه في المجال الإنتاجي، أما بالنسبة لفرص العمل فإن لها أهمية خاصة بالنسبة لذوي الحاجات الخاصة، حيث إنها تمكنهم من تحقيق حياة مستقلة ومنتجة، وبالتالي الحفاظ على كرامتهم الإنسانية، وبفضل التطورات المتقدة التي أحرزتها التكنولوجيا الجديدة (لا سيما تلك القائمة على الحواسيب الآلية) تبدو التوقعات الخاصة بإيجاد فرص عمل لذوي الحاجات الخاصة مشجعة جداً.

## الأجهزة والأدوات التي يمكن توظيفها لخدمة ذوي الحاجات الخاصة

هناك أجهزة عديدة منتشرة في مختلف مناطق العالم، منها ما هو بسيط وبدائي، ومنها ما هو متقدم وأكثر تعقيداً، وهنا يمكن أن نوجز أهم هذه الأدوات والأجهزة حسب فئات ذوي الحاجات الخاصة.

### أولاً: ذوي الإعاقات الحركية والجسمية

من المعروف أن أكثر الإعاقات استفادة من الأجهزة والأدوات الصناعية هم ذوي الإعاقات الحركية والجسمية؛ نظراً لأن الكثير من الإصابات الحركية والجسمية تكون بسبب الحروب، أو في المصانع، أو في الأعمال المختلفة التابعة للشركات الكبرى. لذا، فإن المؤسسات العسكرية في أية دولة تحاول مساعدة الجنود الذين يتعرضون للإصابات الجسمية خلال الحروب بإيجاد الأجهزة والأدوات التعويضية لهم، وهو ما يعرف بالتأهيل وإعادة التأهيل في هذا المجال، كما تحاول المصانع والشركات الكبرى أن توجد الأجهزة والأدوات التعويضية للمصابين لتجعلهم قادرين على الإنتاج والعطاء بالقدر الممكن، مما يقلل عليها التكاليف المادية والتي تنفق في مجال التعويض، مهما كانت الأسباب وراء تطوير التكنولوجيا لذوي الحاجات الخاصة فالمستفيد الأول هو ذي الحاجات الخاصة من استخدام هذه الأدوات، ومن الأدوات والأجهزة المعروفة في مجال الإعاقات الحركية والجسمية ما يلي:

١. الكراسي المتحركة وفيها الأنواع التالية:

- الكراسي المتحركة يدوياً.

- الكراسي المتحركة آلياً.

- الكراسي المتحركة إلكترونياً يمكن تشغيلها بواسطة الذبذبات الصوتية.

٢. أجهزة الحاسب الآلي حيث تتوافر لها برامج خاصة تناسب المهمات المطلوبة لذوي الحاجات الخاصة.

٣. أدوات التعويض ويقصد بها: الأدوات والأجهزة التي تقوم بوظائف الأعضاء الجسمية المفقودة.

ثانياً: الإعاقات البصرية

**طريقة برايل:**

وهي عبارة عن تمثيل لحروف بنقاط برايل البارزة، حيث يمثل كل حرف من حروف الهجاء بنقطة أو أكثر. إذاً فطريقة برايل هي:

خلية مكونة من ست نقاط بارزة، باستخدام التباديل والتوافيق تشكل من النقاط الست الحروف الهجائية، والأرقام، والعلامات الرياضية، والعلامات الموسيقية.

وترقم كل نقطة من نقاط الخلية برقم يبدأ من (١-٦)، وتسمى كل نقطة برقمها، فالنقطة (١) تسمى أولى، و(٢) ثانية ... وهكذا، وباستخدام نقاط برايل الست يستطيع ذوي الإعاقة البصرية تكوين العديد من التنظيمات المختلفة.

وتتم كتابة أحرف برايل من اليمين إلى اليسار، لكنها تقرأ من اليسار إلى اليمين في جميع اللغات، حين تقلب الورقة المكتوبة، ويستخدم المتعلم في الكتابة قلم من المعدن، ومسطرة مقسمة أفقياً إلى عدد من خلايا برايل تثبت على لوحة خشبية فيها الورقة، ويقوم المتعلم بالكتابة على أن يترك خلية بين الكلمة والأخرى، ويستخدم قبل كتابة الأرقام علامة العدد، مع ترك سطر بين كل فقرة والتي تليها.

١. استخدام الأجهزة الخاصة بتحويل المادة المكتوبة إلى ذبذبات خاصة يمكن لـذوي الإعاقات البصرية تمييزها، وبالتالي يمكن قراءة النص المكتوب، إلا أن هذه الأجهزة ما زال استخدامها محدوداً بسبب كلفتها العالية.

٢. استخدام الحاسوب وربطه مع أجهزة بريل المطورة.

٣. استخدام أجهزة الاوبتكون لتساعد ذوي الإعاقات البصرية عـلى قراءة النصـوص المكتوبة.

٤. استخدام أجهزة خاصة لذوي الإعاقات البصرية تساعدهم على الحركـة في الاتجاه الصحيح، وتحذرهم وترشدهم في حال وجود عقبات أمامهم فهي بمثابة أجهزة استشعار.

٥. أما في حالة ذوي الإعاقات البصرية الجزئية فقد تـم تطوير جهاز خاص لتكبير النصوص المكتوبة، يمكن أن يلصق بالنظارة.

ثالثاً: الإعاقات السمعية

في مجال الإعاقات السمعية تم تطوير أجهزة عديدة منها:

١. الحنجرة الإلكترونية.

٢. زراعة أجهزة الأذن الداخلية.

٣. أجهزة النطق وترتيب الكلام.

٤. استخدام الحاسوب في تحويل صوت مستخدم الجهاز إلى صورة يمكن مشاهدتها.

## استخدام الحاسب الآلي في تعليم ذوي الحاجات الخاصة

يلعب الحاسب الآلي دوراً هاماً في تعليم ذوي الحاجات الخاصة إذا تم إعداد البرامج التعليمية اللازمة وفقاً لحاجاتهم، ويمكن في أغلب الأحيان أن يكون وسيلة فعالة تخفف عبئاً كبيراً على الإنسان في تعليم ذوي الحاجات الخاصة، مثل تعليم ذوي الإعاقات السمعية طريقة المخاطبة بالإشارة، كما أن التعليم بواسطته يساعد على تقليل الجهد والوقت، ويعطي نتائج أفضل بكثير من الطرق التقليدية لتعليم ذوي الحاجات الخاصة.

ويمكن استخدام الحاسب الآلي في تعليم بعض المواد الدراسية مثل:

- الرياضيات والهندسة والعمليات الإحصائية.

- العلوم التطبيقية (كيمياء، فيزياء، أحياء).

- الجغرافيا.

- التاريخ.

- اللغة الإنجليزية.

- الفنون.

- التربية الرياضية.

## توظيف الحاسب الآلي لذوي الإعاقات البصرية

يقدم الحاسوب عدداً من الخدمات لذوي الإعاقات البصرية، خاصة في مجال التربية والتعليم، وتمثل هذه الخدمات في قراءة الرسائل والتقارير والمتطلبات المدرسية بطريقة لفظية مسموعة، من خلال تحويل تلك المواد المطبوعة إلى منطوقة مسموعة، كما يقدم عدداً من الخدمات لذوي الإعاقات البصرية في مجال التأهيل المهني والعمل، إذ يساعد في طباعة المواد المكتوبة ويقيّم صحتها، كما يساعد المكفوفين والذين يعلمون مبرمجين ناجحين في الحاسب الآلي على معرفة المواد التي أدخلت إلى الحاسب الآلي دون وجود شخص آخر ليقرأ لهم تلك المواد، من خلال ظهور المواد على شكل منطوق ومسموع باستعمال الحاسب الآلي، حيث يستقبل الحاسب الآلي المواد المكتوبة ويحولها إلى أصوات منطوقة، وبهذا يتمكن الكفيف من قراءة المعلومات المدخلة إلى الحاسب الآلي، كما يقرأ الملفات المخزنة في جهاز الحاسب الآلي عن طريق الاستماع لها.

إن توظيف الحاسب الآلي لذوي الإعاقات البصرية في المجالات التي أشير إليها يعني أن الحاسب الآلي يمكن أن يوظف بشكل فعال في حل مشكلة الاتصال اللغوي لذوي الإعاقات البصرية، أكثر بكثير من الطرق التقليدية في الاتصال اللغوي كطريقة برايل وغيرها.

## توظيف الحاسب الآلي لذوي الإعاقات السمعية

يقدم الحاسب الآلي خدمات عدة لذوي الإعاقات السمعية، ولذوي المشكلات اللغوية في الاتصال، فهو يمكّنهم من الاتصال اللغوي بطريقة بديلة بواسطة ما يسمى (اللغة الصناعية)، فقد تم توظيف الحاسب الآلي لذوي الإعاقات السمعية من خلال الأجهزة التكنولوجية المختلفة الحديثة المبنية على نظام الحاسب الآلي، مقارنة مع الطرق التقليدية في حل مشكلات ذوي الإعاقات السمعية واللغوية، في لغة الشفاه، أو لغة الإشارة، أو لغة بلس وهو عبارة عن نظام رمزي يستطيع الفرد أن يعبر عن نفسه من خلال الصور والرموز المكتوبة.

ويتمثل الفرق الرئيس بين طرق الاتصال الحديثة المبنية على نظام الحاسب الآلي وطرق الاتصال التقليدية، أن الطرق الحديثة تعطي فرصة للفرد كي يعبر عن نفسه بطريقة طبيعية، وبأقل قدر ممكن من الوقت والجهد، بينما تتطلب طرق الاتصال التقليدية الكثير من الوقت والجهد وقدر أقل من الطلاقة والوضوح.

**وصف الطرق التكنولوجية الحديثة المبنية على نظام الحاسب الآلي لذوي الإعاقات السمعية**

**١. كيرزويل الناطق**

وهو عبارة عن جهاز حاسب آلي ناطق، يحوّل اللغة المكتوبة إلى منطوقة، ويمكن لهذا الجهاز أن ينتج عدداً كبيراً من الكلمات والتي يمكن أن تصدر بطريقتين: الأولى وهي الطريقة المكتوبة، والثانية وهي الطريقة المنطوقة، ويصلح هذا الجهاز لاستخدامه من قبل الأشخاص الذين لا يستطيعون استخدام نظام إدخال المعلومات الرمزي باستخدامهم لأدوات التقاط سريعة لنظام إدخال المعلومات في هذا الجهاز.

**٢. جهاز بالوميتر (Palometer)**

وهو عبارة عن جهاز قادر على معرفة موقع اللسان من خلال بعض الأدوات، حيث يقارن حركة اللسان لدى ذوي الإعاقات السمعية مع حركة اللسان لدى المعلم أو المعالج.

**٣. جهاز امنيكوم (Omnicom)**

يعتبر هذا الجهاز من الأجهزة متعددة الاستخدامات، حيث يستخدم لأربعة أغراض رئيسة هي:

■ الاتصال اللغوي.

■ استدعاء المعلومات.

■ التعبير الفني.

■ قضاء وقت الفراغ.

ويتطلب استخدام هذا الجهاز أن يقوم الشخص بإدخال المادة المكتوبة على شاشة التلفاز؛ لتحويلها إلى مادة منطوقة.

## ٤. جهاز الاتصال السمعي زيكو (Zygo):

يعتبر هذا الجهاز ذو فائدة كبيرة للأشخاص ذوي الإعاقات اللغوية في الاتصال كالصم، وذوي الإعاقات الذهنية، ولهذا الجهاز عدد من اللوحات التي تستخدم في نظام إدخال المعلومات ثم تحويلها إلى لغة منطوقة.

## ٥. جهاز نطق الأصوات المسمى (TRS- 80)

صمم هذا الجهاز الإلكتروني كأداة ناطقة، ويمكن توصيله بجهاز حاسب آلي منزلي، ويطلب من مستخدم هذا الجهاز أن يدخل المعلومات المراد التعبير عنها لفظياً بطريقة مسموعة في هذا الجهاز، من ثم يقوم الجهاز بتحويلها إلى لغة مسموعة.

## ٦.جهاز مصغر يعرف باسم بارد كاربا (Bard Carba)

يعمل هذا الجهاز وفق خمسة أنواع من البرامج، حسب قدرات مستخدم هذا الجهاز، حيث يتم توصيله بتلفاز عادي بهدف تحويل الذبذبات أو الكلمات المكتوبة إلى لغة منطوقة مسموعة.

## ٧. جهاز التعبير اللفظي اكسبريس (Express)

يعتبر هذا الجهاز من أجهزة الاتصال المصغرة التي يمكن حملها، ويمكن لجهاز الحاسب هذا أن يبرمج بإدخال المعلومات فيه بطرق مختلفة، ويتميز بقدرته على تحويل هذه المعلومات إلى أشكال مكتوبة أو منطوقة من خلال الأجهزة المساعدة التي توصل به. ويمكن للشخص الذي يستخدم الجهاز أن يدخل المعلومات فيه بطريقتين. الأولى: تهجئة الكلمات أو الجمل وكتابتها، والثانية: إدخال رموز الكلمات، وفي كلا الأمرين يكون الناتج منطوقاً ومسموعاً.

### ٨. جهاز تكوين الجمل القصيرة

يعتبر هذا الجهاز من الأجهزة الصوتية الناطقة، وهو مزود بشريط من الكلمات المخزونة المقننة يتضمن (١٢٨) شحنة من الجمل، ويتكون كل منها كلمة إلى خمس كلمات. وبتجميع هذه الشحنات المختلفة تتكون الجمل القصيرة المنطوقة، ويصدر مثل هذا الصوت على شكل صوت مؤنث أو مذكر أو صوت طفل. ويعمل هذا الجهاز وفق طريقتين. الأولى: تحريك المؤشر نحو الكلمات المكتوبة، والثانية: إدخال المعلومات بواسطة الأرقام، وفي كلا الطريقتين تتحول المعلومات إلى لغة مسموعة منطوقة.

### ٩. جهاز الاتصال متعدد الاستخدامات

يعتبر هذا الجهاز من أجهزة الاتصال اللغوي الذي يمكن حمله، حيث يتضمن لوحة معدنية مقسمة إلى ١٠٠ مربع، عليها بعض الكلمات والصور والرموز، لتتناسب هذه اللوحات مع حاجات وظروف الشخص الفردية. ويعمل هذا الجهاز من خلال الإشارة إلى الرمز أو الكلمة أو الصور المطلوبة، ومن تحويل تلك الرموز أو الكلمات أو الصور إلى لغة منطوقة، كما يمكن لهذا الجهاز أن يحتفظ بالكلمات أو الرموز التي يطلب منه التعبير عنها بلغة مسموعة ليكوّن جملاً من تلك الكلمات.

### ١٠. جهاز يونيكوم (*Unicom*)

يعتبر هذا الجهاز من الأجهزة التعليمية المعززة، وفي الوقت نفسه يعتبر أداة للاتصال اللغوي. وقد طِوّر هذا الجهاز من قبل درك رويل مدير مركز الوسائل الحسيّة في معهد ماستوشوتس للتكنولوجيا في الولايات المتحدة الأمريكية. ويتكون هذا الجهاز من جهاز تلفاز، ولوحة، وآلة كاتبة متصلة بالجهاز، وآلة لإدخال المعلومات في الجهاز.

### ١١. الجهاز الصوتي اليدوي:

يعتبر هذا الجهاز من أجهزة الاتصال اللغوي النقالة، ويعمل على مساعدة الأفراد الصم وذوي الإعاقات اللغوية على التعبير عن أنفسهم لفظياً بصوت يشبه الصوت الإنساني وبجمل كاملة.

١٢. جهاز الاتصال المسمى (The Tufts Interactive Communication)

يعتبر هذا الجهاز من أجهزة الاتصال الإلكترونية والتي تعمل على مساعدة ذوي الإعاقات السمعية واللغوية ليعبروا عن أنفسهم بواسطة نظام إدخال الكلمات بعد تهجئتها في هذا الجهاز لتتحول إلى لغة منطوقة مسموعة. وقد طوّر هذا الجهاز في مدينة بوسطن بالولايات المتحدة الأمريكية.

# الألعاب التربوية

## Educational Games

تعرف الألعاب التربوية بأنها:

هي نشاط تنافسي منظم من اثنين أو أكثر من المتعلمين ضمن قوانين متبعة، وأهداف محددة مسبقاً، وتنتهي عادة بفائز وخاسر بسبب المهارة أو الحظ لكليهما.

وتتكون اللعبة من عدة عناصر موضحة في الشكل (٨) :

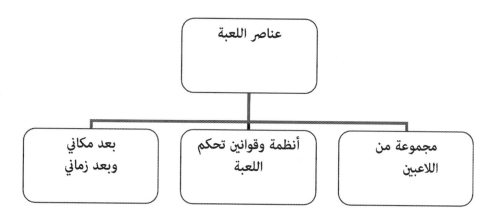

الشكل رقم (٨)

عناصر اللعبة

إن الألعاب التعليمية ليست أنشطة استجمامية هدفها الترفيه والتسلية فحسب، بل هي أنشطة صممت لتحقيق أهداف تعليمية، حيث يتم توظيف الميل الفطري للعب عند المتعلمين والمقرون بالمتعة، في أحداث تعلم فاعل معزز بالرغبة والحماس والاهتمام.

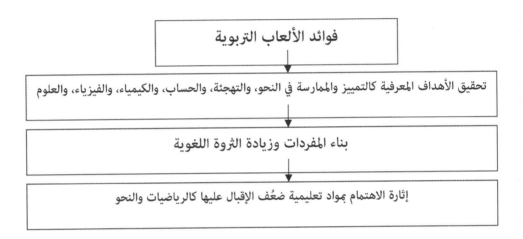

الشكل رقم (٩)

فوائد الألعاب التربوية

## الفصل الثالث

## نظـم تعليم ذوي الحاجات الخاصة

## الاتجاهات العالمية المعاصرة في التربية الخاصة وأبعادها الثقافية

كما ذكرنـا سـابقاً بـأن التربيـة الخاصـة (*Special Education*) هـي جميـع أشكال التعليـم العـام أو المهنـي لـذوي الحاجـات الخاصـة جسـمياً أو عقليـاً أو غـير المتـوافقين اجتماعياً، والأشـخاص المتخلفـين أو المتـأخرين الـذين لا يمكنهم تحقيق حاجاتهم التربوية من خلال المناهج المعتادة أو الممارسات التعلمية العادية.

وتتم تربية ذوي الحاجات الخاصة من منظورين هما:

## أولاً: المنظور التصنيفي

يشير المنظور التصنيفي إلى عمليـة تتضـمن إطـلاق مسـميات أو ألقـاب عـلى المتعلم تشـير إلى وضعه ضـمن تصنيفـات معينـة كالتخلـف الذهنـي، أو صعوبـات التعلم بدلاً من المصطلحات الأكثر عمومية وشمولاً. وبناءً على ذلك فإن تربية ذوي الحاجات الخاصة في مختلف الدول تعتمد على إعداد معلم لكل فئة من فئات ذوي الحاجات الخاصة بشكل منفصل، ومن ثم يتم تدريبهم لـكي يسـتطيعوا التعامـل مـع كـل فئة بشكل مستقل بما يناسبها، انطلاقـاً مـن أن لكـل فئة خصائصـها وحاجاتهـا التربويـة الجوهرية المختلفة، وقد كان هذا الإعداد مبنياً على أسـاس تصنيفـات مختلفـة لـذوي الحاجات الخاصة هي: (الزهيري، ٢٠٠٢م)

١- تصنيف كيرك (*Kirk*): فقد صنف ذوي الحاجات الخاصة إلى الفئات التالية

■ مشكلات التواصل وتشمل صعوبات التعلم، وصعوبات الكلام.

■ الإعاقة الذهنية.

■ الإعاقة الحسية وتشمل الإعاقة البصرية والسمعية.

■ الإعاقة البدنية والصحية.

■ المشكلات السلوكية.

٢. **تصنيف بريان وبريان (Bryan and Brayn):** وقد صنفا ذوي الحاجات الخاصة إلى الفئات التالية

- الإعاقة البصرية.

- الإعاقة السمعية.

- الإعاقة البدنية أو الصحية.

- صعوبات التعلم.

- المشكلات السلوكية.

- الإعاقة الذهنية.

- الإعاقات المتعددة.

- الإعاقة التربوية.

- مشكلات اللغة أو الكلام أو كليهما.

- مشكلات النمو.

٣. **تصنيف شاكر قنديل:** وقد صنف ذوي الحاجات الخاصة وفقاً لنوع الانحراف عن المعتاد إلى الفئات التالية:

- انحرافات تتعلق بعملية الاتصال: وتتضمن الأطفال الذين لديهم مشكلات في الكلام أو النطق أو مشكلات تعليمية.

- انحرافات عقلية: وتتضمن الأطفال المعاقين ذهنياً.

- أطفال لديهم قصور في الحواس وهم المعاقون سمعياً أو بصرياً.

- أطفال لديهم عيوب جسمية، أو عصبية، أو ضعف عام في الصحة.

- أطفال لديهم مشكلات سلوكية أو اضطرابات انفعالية.

٤. تصنيف سلامة: وقد صنّف ذوي الحاجـات الخاصـة وفقـاً لنـوع الإعاقات لـديهم وهي كالتالي

- الإعاقة الذهنية.

- الإعاقة الحركية والصحية.

- الإعاقة السمعية.

- الإعاقة البصرية.

- صعوبات التعلم.

- الإعاقة الانفعالية.

- الاضطرابات الكلامية واللغوية.

- الاضطرابات السلوكية.

- الموهوبون والعباقرة.

- المتوحدون.

- ذوي متلازمة داون.

## ثانياً: المنظور غير التصنيفي

إن مبدأ التعلم غير التصنيفي لذوي الحاجـات الخاصـة يحـدد ضـمن الفئـات البسيطة مثل: الإعاقات الذهنية البسيطة، وبطء الـتعلم، والاضطرابات الانفعاليـة، ويضاف إلى ذلك الإعاقات الجسمية البسيطة، وصعوبات النطق. إلا أنـه مـع بـرامج التربية الحديثة الخاصة والتي تعتمـد عـلى المنظـور غـير التصنيفي لـذوي الحاجـات الخاصة وأثرها الفعّال عليهم، فقد تمكن الكثيرون من التخلص من عيوب الإعاقة في حالة اتباع المنظور غير التصنيفي في تربيتهم وتعليمهم.

## دور التربية الخاصة

إن معظم الاتجاهات العالمية المعاصرة لبعض الدول المتقدمة تطبق سياسة تعليم ذوي الحاجات الخاصة مع أقرانهم العاديين كما ذكرنا سابقاً (اتجاه الدمج)، سواء في نفس الفصول أو فصول خاصة ملحقة بالمدارس العادية، حيث يعتبر الدمج بيئة التعلم الأقل تعقيداً، أو البديل التربوي الأقل تقييداً، فهو مبدأ رئيس في التربية الخاصة.

وهذا لا يعني أن كل الأطفال يجب أن يتعلموا داخل الفصول العادية أو النظامية، لكن مع هذا الالتجاء إلى المدارس أو الفصول الخاصة في الحالات الشديدة، مع استنفاد كل المساعدات الإضافية والتكميلية والمصادر التربوية مع هؤلاء الأطفال قبل نقلهم إلى مدارس وفصول خاصة.

### أولاً: الحاجات التربوية الخاصة

من الصعب وضع معايير دقيقة لتحديد ما يشكل إعاقة ما، فالفكرة الراسخة لدى منظّري التربية الخاصة بوجود نوعين من الأطفال العاديين، وغير العاديين، إلاّ أن تعقد الحاجات الفردية أكبر بكثير من أن ترد إلى هذه الثنائية فقط فضلاً عن أن الاكتفاء بالقول أن فرداً ما ذو حاجات خاصة لا يفيد في تحديد نوع المساعدة التربوية، أي الإجراء الذي يكون بحاجة إليه (سلامة، ٢٠٠٢م)

لذا، فإن السعي الإيجابي يطرح مفهوم الحاجة التربوية الخاصة، وهو تصور ليس من زاوية عجز معين قد يعزى للطفل بل من زاوية كل ما يهمه: مؤهلاته، وعجزه على حد سواء. فيكون الاهتمام من زاوية العوامل التي من شأنها التدخل في خط سيره التربوي. ويمكن تحديد الحاجات التربوية في العمليات الثلاث التالية:

١. مراقبة الإطار الاجتماعي والوجداني اللذين تتم فيهما العملية التربوية عن قرب وباستمرار.

٢. التمكين من متابعة منهج دراسي مختص أو معدّل.

٣. تركيز وسائل خاصة تؤهل للوصول إلى المنهج الدراسي بفضل تجهيزات خاصة، ومعلمين مختصين، وإمكانات مادية يتم إدخالها على المحيط المادي أو بواسطة تقنيات تعليمية مختصة (الزهيري، ٢٠٠٢م).

وبما أن المدرسة العادية هي التي ترعى على نطاق كبير وواسع جداً ذوي الحاجات الخاصة، يجب تحديد عناصر التربية التي يفضلها تكميل ما هو مقترح على المتعلم بصفة عادية في الفصل العادي، إضافة إلى تحديد العناصر التي ينبغي اقتراحها عليه، كما يجب وصف حاجات المتعلم، وتحليل المواقف التي سيرعى فيها بصفة طبيعية إلى أن ينشط.

وبناء على هذا، يصرّ نيكولاس هوبس (Nicholas Hobbs) على أنه يجب تعويض التصنيفات الموجودة بتقويم بيئي يسمح بتحديد الخدمات التي يحتاجها ذوي الحاجات الخاصة، بحيث تقدم هذه الخدمات حيث يعيش المتعلم، وفي الظروف الخصبة للتعلم.

تغيّر مفهوم الحاجات الخاصة وتصنيفاته في السنوات القليلة الماضية بصفة جذرية، فدائماً كان يُنظر إلى الحاجات الخاصة أو كما يسميها البعض (الإعاقات) على أنها "عاهات" دائمة سواء أكانت عقلية أم جسدية، وخللاً في المتعلم يجعل منه كائناً غريباً عن الآخرين، فقد كان ذوو الحاجات الخاصة يعتبرون بصفة نهائية مختلفين، مما أدى إلى تهميشهم في المجتمع.

وإذا ميّزنا بين العاهة والعجز من ناحية، والحاجات الخاصة من ناحية أخرى، وإذا أقررنا بأن الظروف الاجتماعية تلعب دوراً في إحداث الحاجات الخاصة، فإن الصعوبات التي يشعر بها المتعلم ليس لها مفعول الإعاقة إلا في بعض الظروف، فنحن نتجه إلى تصور جديد لتقويم الحاجات التربوية الخاصة. كما أن التمييز الجذري الذي تم وضعه بين ذوي الحاجات الخاصة والعاديين لم يعد متماسكاً، وبذلك أصبح التصنيف أقل فائدة، وأصبح من الممكن تقديم المساعدة الخاصة في شكل خدمات إضافية مرصودة للمتعلم من ناحية، وفي أشكال مختلفة يجب إدخالها على الإطار الذي يعيش فيه من ناحية أخرى.

لذا، فإن إعادة تحديد مفهوم الحاجات الخاصة، غيّر الكيفية التقليدية في تصنيف أنماط العجز، وتقنيات تقديم الحاجات الخاصة الفردية. وقد أدّى تطور مفهوم الحاجات الخاصة إلى تعديل الاستراتيجية المطبقة على تربية ذوي الحاجات الخاصة بعدة طرق ووسائل. فقد تغيرت كيفيات الفحص إذ أنها لم تعد تتمثل في تصنيف المعلمين بل تستهدف وصف حاجات كل واحد منهم، وتحديد ما ينبغي الاحتياط له استجابة لهذه الحاجات، كما أن جهاز التربية الخاصة بصدد التغيير. حيث إننا نتخلى عن الجهاز المعزول المرصود لذوي الحاجات الخاصة، لتقديم تشكيلة كاملة من أنماط الخدمات المختلفة لكل من لهم حاجات خاصة أياً كان المقرّ الذي يتلقون فيه التربية.

ومثال على ذلك الولايات المتحدة حيث إنها تقوم بتوفير تعليم إلزامي لذوي الحاجات الخاصة من سن الخامسة حتى السادسة عشرة، حيث يتعلمون مع العاديين في المدارس التي تستطيع مقابلة احتياجاتهم، كما يوجد مدى واسع من الاختيار لذوي الحاجات الخاصة في مدارس وفصول التربية الخاصة.

## ثانياً: الإسواء

ظهر مفهوم الإسواء أو التسوية لأول مرة في الدول الاسكندينافية عام (١٩٥٩م). ويستند مفهوم الإسواء إلى نظرية تنص بأنه: "من غير المعقول أن ينمو السلوك إذا نشأ الفرد في بيئة غير سوية". ومضمون هذا المفهوم هو مساعدة ذوي الحاجات الخاصة على التعامل بشكل طبيعي قدر الإمكان كأي شخص عادي آخر. وذلك هو الفرق بين العادي وذي الحاجات الخاصة فهو فرق في الدرجة وليس النوع. وقد تطور هذا المفهوم بشكل تدريجي حيث إنه في بداية الأمر كان التركيز على تحقيق الإسواء داخل المؤسسات التي يقيم بها ذوي الحاجات الخاصة، لكن سرعان ما شمل هذا المفهوم الخدمات الخارجية في المجتمع العادي خارج المؤسسات، فقد حدث تحول كبير في النظر إلى معاملة ذوي الحاجات الخاصة وعلاجهم. فبدلاً من وضعهم في مؤسسات خاصة بهم، يجب دمجهم في المجتمع العادي وتقديم خدمات التنمية لهم بتعاون من الأسرة.

ثالثاً: الدمج

وهذا الاتجاه ينادي بدمج ذوي الحاجات الخاصة داخل برامج المدارس النظامية العادية، مع توفير كافة الخدمات التدعيمية والتشخيصية لهم. وقد أحرز هذا الاتجاه تقدماً ونجاحاً ملحوظين خاصة مع ذوي الحاجات الخاصة المعتدلين. فبدلاً من عزلهم في فصول خاصة، فإنهم يواصلون الدراسة داخل المدارس العادية، حيث يتطلب ذلك توفير خدمات التشخيص والعلاج في المدارس، وتدريب المعلمين، إضافة إلى تقديم المساعدات التربوية للمتعلمين كي يستطيعوا الاستمرار في البيئة المدرسية العادية. ويتوقع أن يتفاوت حجم كل من التعليم العادي والخاص المقدم للمتعلمين تبعاً لحاجاتهم.

رابعاً: الابتعاد عن العزل

يتميز جهاز التربية الخاصة بأشكال تربوية مختلفة تبدأ بالتربية المقدمة في مؤسسات عزلية وتنتهي بتربية مقدمة في فصول عادية. وتتمثل تقنية الدمج بشكل عام في تعديل شكل الإلحاق، وفيما يلي صور الإلحاق المقدمة حالياً:

- مبيت في مؤسسة تربوية مسواة على عين المكان.

- مبيت في مؤسسة أو ملجأ أو دار استقبال مخصصة لمجموعة صغيرة.

- تربية مقدمة في مكان آخر، أي في مدرسة عادية أو خاصة نهارية.

- تردد على فصل خاص في مدرسة بشكل كامل.

- تردد على فصل خاص في مدرسة عادية جزء من الوقت، ويكون مصحوباً بتردد على فصل عادي لفترات مختلفة.

- تردد على فصل عادي تكمله عيادات خارجية، أو تردد على مركز تعليم خاص خارج الفصل.

- تردد على فصل عادي ذي تعليم مشترك، أي التعليم التعاوني أو الموزع كأن يعمل المعلم المكلف بالفصل والمعلم المكلف بالتربية الخاصة معاً.

- تردد على فصـل عـادي قـد يلجـأ فيـه المعلـم إلى الاستعانة بخدمات مسـاندة. وتختلف الصيغ المتنوعة من قطر إلى آخر على أن الاتفاق لم يبلغ درجـة مـا مـن الشمولية، من حيث الصيغ التي يعتقد أنها ملائمـة للـدمج، ويتفـق الأخصائيون عموماً بأن الصيغ (١.٢.٣) تتطابق مع تربية خاصة عزلية، في حـين يـرى بعضـهم أن الصيغتين (٤.٥) هما صيغتا عزل غير أنهما تمثلان تقنية فك عزل جماعي.

## استراتيجية تربية ذوي الحاجات الخاصة

تعتمد استراتيجية تربية ذوي الحاجات الخاصة على استخدام نظام الدمج التربوي لتربية ذوي الحاجات الخاصة مع العاديين، والذي يقوم على أساس الاعتراف بحقهم في مشاركة العاديين حياتهم الطبيعية فيما يساعد على تحقيق ذاتهم بقدر المستطاع، والذي يؤدي بدوره إلى انعدام العزل التام والتقبل الاجتماعي في العمل، والتمتع بفرص الترفيه والحياة العائلية والاجتماعية لذوي الحاجات الخاصة، ويتضح من خلال التعرض لأنماط التربية الخاصة، حيث يوجد نمطان رئيسان لتربية ذوي الحاجات الخاصة يمثل كل منهما اتجاهاً تربوياً له أنصاره والمدافعون عنه.

### ١. اتجاه البيئة الطبيعية (Approach of Normal Environment)

يرى أنصار هذا الاتجاه أن تكون سبل رعاية الفئات الخاصة ضمن البرامج التربوية العادية، دون تخصيص برامج تربوية في نطاق التربية الخاصة. ويكون ذلك بفرض وضع ذوي الحاجات الخاصة في بيئة طبيعية. حيث إن وضعهم مع رفاقهم العاديين في فصول نظامية بالمدارس العادية يدعم تفاعلاتهم الشخصية والاجتماعية مع أقرانهم بتقليدهم للسلوكات السوية الصادرة عنهم. كما أن تفاعل الأقران مع بعضهم البعض يتضمن عناصر كثيرة تدعم التفاعل الاجتماعي بينهم في كثير من المظاهر السلوكية مثل: التنمية الخلقية، والتنشئة الاجتماعية.

### ٢. اتجاه البيئة الخاصة (Approach of Special Environment)

يرى أصحاب هذا الاتجاه أنه لا يجب وضع ذوي الحاجات الخاصة مع العاديين في فصول نظامية بالمدرسة العادية، ويعزون السبب في ذلك إلى أن أخطر ما يعاني منه ذوي الحاجات الخاصة هو رؤيتهم لأنفسهم وإحساسهم بأنهم مختلفون عن غيرهم من رفاقهم العاديين في أي مظهر من مظاهر الأداء السلوكي الناتج عن عجز في القدرة المتعلقة بهم، مما يؤدي إلى توليد الحقد والكراهية لديهم نحو العاديين ويفقد الثقة في إمكانية التفاعل معهم. حيث إن وضع ذوي الحاجات الخاصة في فصول خاصة بهم سواء أكانت في فصول

المدرسة العادية أو في نطاق مؤسسات تأهيلية مناسبة لمظاهر إعاقتهم في نطاق التربية الخاصة يعتبر في حد ذاته أمراً طبيعياً تفرضه الصورة الحتمية اللازمة لوضعهم في فصول متجانسة حتى يسهل تعليمهم وإرشادهم بطرق وأساليب معينة خاصة بهم لا تصلح لغيرهم من العاديين، إضافة إلى أن التركيز على رعايتهم والعناية بهم سيكون كبيراً جداً؛ لأن التربية الخاصة وجدت أصلاً من أجلهم، ومن أجل تنمية شخصياتهم وتعديل سلوكاتهم نحو الأفضل.

إن عزل ذوي الحاجات الخاصة في فصول خاصة بهم يساعدهم على النمو الاجتماعي بصورة مناسبة، كما يرفع من مستوى تقديرهم لذاتهم، حيث يجنبهم المرور بخبرات الفشل المتكرر أمام أقرانهم العاديين، ففي فصولهم الخاصة تقدم لهم خدمات تربوية خاصة لأعداد قليلة منهم، ويقوم برعايتهم معلمون حصلوا على تدريب خاص.

**خلاصة القول:**

لمّا كانت مستويات ذوي الحاجات الخاصة مختلفة في شدتها، حيث إنها تندرج من مستوى بسيط خفيف إلى مستوى حاد شديد، فإن تعليم ذوي الحاجات الخاصة في فصول مناسبة لمستوياتهم سواء أكانت نظامية أم خاصة بهم، يعتمد اعتماداً كبيراً على وسائل التقويم المستخدمة في تشخيص الحالة وتحديد مستواها.

## الأبعاد الثقافية للتربية الخاصة

يقصد بالأبعاد الثقافية للتربية الخاصة القوى والعوامل الثقافية التي تسهم في تربية وتعليم ذوي الحاجات الخاصة، أي تلك الأبعاد التي تؤثر في الاهتمامات التربوية بتلك الفئات، سواء أكانت تاريخية أم جغرافية، أم سياسية، أم اقتصادية، أم دينية.

وبما أن التربية عملية اجتماعية، ثقافية متكاملة فهي لذلك تؤثر وتتأثر بالنظم المجتمعية الأخرى من سياسية واقتصادية واجتماعية وغيرها. فالتربية ليست عملية مغلقة بذاتها، بل هي في جوهرها عملية ثقافية تشتق مادتها وتنسج أهدافها من واقع المجتمع وثقافته، كما أن الثقافة لا تستمد إلاّ باكتساب الإنسان لأنماطها ومعانيها بواسطة عمليات اجتماعية تربوية في جوهرها، كما أن التعليم ظاهرة اجتماعية لا يمكن تشخيصه منعزلاً عن الإطار الاجتماعي الذي يوجد فيه.

وبما أن التعليم عملية اجتماعية تستمد أهدافها من فلسفة المجتمع الذي توجد فيه، وأن النظام التعليمي يتأثر بالأوضاع الاجتماعية والاقتصادية السائدة في المجتمع، كما أن الديمقراطية في مفهومها المتكامل الشامل تعتمد على احترام الإنسان والشخصية الإنسانية، فالإنسان إذا ما منح الفرصة يستطيع أن يستغل طاقاته المختلفة وأن يسهم في الصالح العام نفسه. لذا، فإن النظام التعليمي لا ينبغي أن يعطي لكل إنسان حقه في التعليم فقط، بل مراعاة مبدأ تكافؤ الفرص لأن توفيره في التعليم مبدأ من مبادئ العدالة الاجتماعية وتدعيم الحقوق الإنسانية، وهو مبدأ أساسي في الحياة الديمقراطية، لأنه تعبير عن الحرية والعدالة الاجتماعية، فهو الضمان لانطلاق الطاقات الإنسانية وفق قدراتها واستعداداتها المختلفة لدى الإنسان، كما أنه الأساس في وجود الثقة والاطمئنان النفسي لدى الإنسان والمجتمع.

كما أنه لا يمكن فهم النظام التربوي في مجتمع ما لم نقف عند العوامل الثقافية والاجتماعية والسياسية والاقتصادية لهذا المجتمع، ومن هنا فإن تربية ذوي الحاجات الخاصة لا يمكن أن تكون واضحة المعالم ما لم نقف عند العوامل المؤثرةفي تلك النظم، ولذا

نركز على العوامل ثم على النظرة الجزئية لتربية وتعليم ذوي الحاجات الخاصة، والتي تتمثل في مجموعة القيم والعادات والأساليب والممارسات التي تسود المجتمعات وتتمثل في:

**١. الثقافة العامة وتشمل:**

- سيادة العادات والسلوكات والممارسات والأساليب التي تسبب الإعاقة وغالباً ما تعرف بالطب الشعبي.
- عوامل تتصل بمشكلات الإعاقة مثل شعور الأسرة بنوع من الحساسية حيال وجود ذي حاجة خاصة بين أفرادها، وقد يأخذ هذا الشعور صورة سلوكية يغلب عليها الإشفاق والحماية مما يؤدي إلى عدم نموهم من الاعتماد على النفس، وقد يتطرق الشعور إلى نبذ ذوي الحاجات الخاصة وإبعادهم إلى مؤسسة خارج الأسرة وعزله قدر الإمكان عن الاتصال بالعالم الخارجي، ومعنى ذلك حرمانه من أن يعيش ويحيا أيامه.
- بعض القيم والعادات والسلوكات والأساليب التي تحاول ربط الحاجات الخاصة بأولياء الله والأرواح الخيّرة، ومن ثم تقف الثقافة العامة عاجزة عن مواجهة حالات كثيرة من ذوي الحاجات الخاصة كالإعاقة الذهنية، اعتقاداً في بركة هؤلاء الأشخاص أو الاقتراب منهم أو إيداعهم في مؤسسات خاصة إما للعلاج أو التأهيل، وهناك أيضاً بعض الفئات الاجتماعية التي تربط الحاجات الخاصة بالنبوغ كأن ننسب العبقرية إلى الصمم، أو تنسب الإبداع إلى كف البصر.

**٢. أسباب بيئية:**

ويقصد بها العوامل التي ترتبط بالبيئة الأساسية للمجتمع، ولطبيعة التفاعل الاجتماعي السائد في إطاره، وأول هذه العوامل ما يتصل بالحياة العامة لمجموع الأفراد في البلدان النامية مثل الفقر، أو الظروف الصحية السيئة؛ مما يجعل البناء الاجتماعي في حد ذاته باعثاً للإعاقة.

إن نصيب الدول المتخلفة يساوي (٣/٢) ذوي الحاجات الخاصة في العالم، وهذا يـدل عـلى العلاقـة الطرديـة بـين الإعاقـة والتخلـف، كـما أن نسـبة عاليـة مـن المجتمعات النامية من ذوي الحاجات الخاصة؛ ولعل السبب في ذلك الفقـر، وسوء الأحوال الصحية، ونقص التغذية، والتعرض للبطالة السافرة والمقنّعة، والجهل، وارتفاع معدلات الولادة، وعدم الفحص الطبي قبل الزواج، والإنجاب المتعاقب للسيدات.

## ٣. أسباب فردية وصحية:

تتميز هذه العوامل بالطابع الفردي، حيث ترجع فيها الإعاقة وراثية وخلقية، فكل ما هو خلقي لا يشير عادة إلى سبب الإعاقة، ولا يشـترط وجـوده عنـد الـولادة، ومن الممكن ظهور تأثيره في فترات لاحقة مـن مراحـل الحيـاة. وأكثر الأنـواع هـي: الإصابة بالصمم، أو الإصابة بمرض الزهري، أو التهاب أغشية الـدماغ داخـل الـرحم أو عنـد الـولادة، أو تعـاطي الأم لأدويـة ضـارة أثنـاء الحمـل، أو إصابتها بمـرض الحصبة الألمانية.

## تعليم ذوي الحاجات الخاصة من المنظور التصنيفي

يتم تصنيف ذوي الحاجات الخاصة طبقاً لنوع الإعاقة وخصائصهم، ومن ثم تعليم كل فئة في ضوء تلك التصنيفات على النحو التالي:

١. **الإعاقة الحركية**: وتشمل الإعاقات بسبب عاهات بفقد أحد أجزاء الجسم كاليد، أو القدم بسبب شلل الأطفال، أو المرض بمرض مزمن كمرضى القلب والصدر وغيرها من الإعاقات الحركية المختلفة.

٢. **الإعاقة الحسية** وتشمل:

- الإعاقة البصرية.

- الإعاقة السمعية.

- الإعاقة الذهنية.

- صعوبات التعلم.

- الإعاقة الانفعالية.

- الإعاقة الكلامية واللغوية.

- الإعاقة السلوكية.

- الموهوبون.

- المتوحدون.

# الإعاقات الحركية والصحية

**ذوي الإعاقات الحركية والصحية**

**هم تلك الفئة من الأفراد الذين يتشكل لديهم عائق يحرمهم من القدرة على القيام بوظائفهم الجسمية والحركية بشكل عادي، ويؤدي إلى عدم ذهابهم المدرسة مثلاً، وعدم القدرة على مواصلة حياتهم الاجتماعية بشكلها الطبيعي، وهذا العائق هنا يكون إصابة بسيطة أو شديدة تصيب الجهاز العصبي المركزي، أو الهيكل العظمي، أو العضلات، أو الإصابات الصحية.**

## أولاً: الإعاقات الحركية والصحية بأنواعها المختلفة

إن الإعاقات الحركية والصحية من القضايا الهامة جداً، والتي لاقت اهتماماً متزايداً في الآونة الأخيرة؛ لما لها من آثار سلبية على أسر الأطفال ذوي الإعاقات الحركية والصحية. وقد دعت منظمات وهيئات دولية عديدة مهتمة بشؤون الإعاقات للتصدي لهذه الظاهرة الاجتماعية بشتى الإمكانات والطرق. إلاّ أن الوضع يزداد تعقيداً إذا عرفنا مدى تنوع واختلاف مستويات الإصابة بالإعاقات الجسيمة والصحية؛ فقد تكون ناتجة عن خلل خلقي أو فطري يصيب الفرد قبل الولادة، أو قد تكون مكتسبة ناتجة عن الإصابة بالحوادث أو الأمراض في أية مرحلة عمرية بعد الولادة. بعض الإعاقات بسيط نسبياً، أما البعض الآخر فهو شديد متطور قد يؤدي إلى انعدام عدد كبير من القدرات ومضاعفات صحية خطيرة قد تؤدي إلى الوفاة مبكراً.

كما أن الحالة النفسية والاجتماعية المترتبة على هذه الإعاقات والتي يكون تأثيرها على ذوي الإعاقات الحركية والصحية أكبر من حجم الإصابة نفسها، خاصة إذا حدثت الإعاقة في مراحل عمرية متأخرة، إلا أنها تعتبر طبية في المقام الأول. فقبل حدوث الإصابة يكون الفرد قد وضع لنفسه خطط ومنهجية لحياته، وبحدوث الإعاقة يشعر الفرد بخسارة عضو من أعضائه، حيث تتأثر مشاعره، ويختل اتزانه ويشعر بالنقص عن العاديين.

**تصنيفات الإعاقات الحركية والصحية**

هناك تنوع واسع في طبيعة ومستوى الإصابة في كل فئة من فئات الإعاقات الحركية والصحية، وقد تكون فطرية أو خلقية كالشلل الدماغي، أو مكتسبة ناتجة عن أمراض أو إصابات عارضة تصيب الفرد بعد الولادة. بعضها بسيط والآخر عابر كالكسور التي يمكن علاجها وشفاؤها كلياً، وبعضها شديد جداً ومتطور إلى الحد الذي يؤدي إلى الوفاة مبكراً للمصاب كضمور العضلات. وبشكل عام فإنه يمكن تقسيم الإعاقات الحركية والصحية حسب موقع الإصابة أو الأجهزة المصابة على النحو الآتي:

١. إصابات الجهاز العصبي المركزي (Neurological Impairment) وهي كالتالي:

- الشلل الدماغي.

- الشلل الشوكي أو الصلب المفتوح.

- إصابة الحبل الشوكي.

- الصرع.

- استسقاء الدماغ.

- شلل الأطفال.

- تصلب الأنسجة العصبية.

٢. إصابات الهيكل العظمي (Skeletal Impairment) ويندرج ضمنها الإصابات التالية:

- تشوه الأطراف أو بترها.

- تشوه القدم.

- التهاب الورك.

- عدم اكتمال نمو العظام.

- التهاب العظام.

- الخلع الوركي.

- التهاب المفاصل.

- التهاب المفاصل الرثياني.

- شق الحلق والشفة.

- ميلان وانحراف العمود الفقري.

٣. إصابات العضلات (Muscular Impairments) وهي:

- ضمور العضلات.

- انحلال وضمور عضلات النخاع الشوكي.

٤. الإصابات الصحية (Health Impairments) وهي كالتالي:

- الأزمة الصدرية (الربو).

- الالتهاب الكيسي التليفي أو التليف الحويصلي.

- إصابات القلب.

ثانياً: الإعاقات الحسية بأنواعها المختلفة

الإعاقة البصرية

إن للإعاقة البصرية دور كبير في تقييد المصادر المباشر للمعلومات لذوي الإعاقات البصرية، حيث إن حاسة البصر لها دور هام في النمو المعرفي للأفراد، حيث يعتبر البصر ـ المصدر الرئيس والأساس للمعلومات الدقيقة والمتصلة عن الأشياء والعلاقات، إضافة لما يؤدي البصر ـ من دور كبير في قيام حواس اللمس، والسمع بدورهما في إمداد الفرد بالمعلومات. وتؤكد الدراسات والأبحاث وجود اختلافات بين المبصرين وذوي الإعاقات البصرية في بعض القدرات والتي أظهرها تطبيق مقياس (WISC) اللفظي على عينة من

ذوي الإعاقات البصرية والمبصرين، فقد تبين مـن تحليل النتائج تفوق المتعلمين المبصرين في مقاييس الاختبار الفرعية بالفهم والمتشابهات، بينما لا توجد فروق دالـة في القياسات الخاصة بالمعلومات، والحسابات، والمترادفات، لذا فإن الدرجـة الكليـة لم تكن واحدة لكل من المبصرين وذوي الإعاقات البصرية، ومن القدرات التي يعتمـد فيها على البصر إلى حد كبير قدرة الفرد على إدراك العلاقات المكانية، حيث وجدت اختلافات بين إدراك ذوي الإعاقات البصريـة والمبصرـ لتلك العلاقات. كـما أظهرت الدراسات وجود فروق بين المتعلمين ذوي الإعاقات البصرية ولادياً، والمتعلمين الـذين أصيبوا بإعاقات في أوقات متأخرة في قدرتهم عـلى إدراك العلاقات المكانيـة لصالح الفئة الثانية، كما وجدت فروق بين المتعلمين ذوي الإعاقات البصرية والمبصريـن لصالح المبصرين، وقد ازدادت هذه الفروق عندما تضمنت الدراسات علاقات مكانية مركبة.

## تصنيفات ذوي الإعاقات البصرية

### ١. تصنيف حسب درجة الإبصار:

#### (أ) ضعاف البصر:

وهم من تتراوح درجة إبصارهم بين (٢٠/٧٠ – ٢٠/٧٠) في العين الأقوى بعـد العلاج والتصحيح بالنظارة الطبية.

#### (ب) المكفوفون:

وهم من يقل بصرهم عن ٢٠/٢٠٠ بعد العلاج والتصحيح، أو من يعانون من ضيق في مجال الرؤية.

### ٢. تصنيفات حسب درجة القصور أو السن الذي وقعت فيه إعاقة بصرية:

#### (أ) حسب درجة القصور:

- إعاقة كلية أو مطلقة.

- إعاقة جزئية.

(ب) حسب وقوع الإعاقة:

- إعاقة ولادية.

- إعاقة في الطفولة المبكرة.

- إعاقة في الطفولة المتأخرة.

- إعاقة في المراهقة.

- إعاقة في النضج.

- إعاقة في الشيخوخة.

٣. تصنيفات حسب السن الذي تمت فيه الإعاقة، ودرجة الإبصار التي احتفظ بها أساساً للتقسيم:

(أ) إعاقة كلية منذ الولادة، أو أصيبوا بها قبل سن الخامسة.

(ب) إعاقة كلية أصيبوا بها بعد سن الخامسة.

(ج) إعاقة كلية منذ الولادة، أو أصيبوا بها بعد سن الخامسة.

(د) إعاقة جزئية أصيبوا بها بعد سن الخامسة.

وقد يتساءل البعض لم سن الخامسة أساساً للتقييم؟

اتخذ سن الخامسة أساساً للتقييم لأن الأطفال ذوي الإعاقات البصرية والذين يفقدون بصرهم قبل الخامسة يصعب عليهم الاحتفاظ بصورة بصرية نافعة للخبرات التي مرّوا بها، أما الذين يفقدون بصرهم كلياً أو جزئياً بعد الخامسة لديهم الفرصة في الاحتفاظ بإطار من الصور البصرية بدرجة أو بأخرى من الدقة.

وسواء أكان المعاق بصرياً لديه إعاقة كلية أو جزئية، فهو يحتاج إلى تقديم خدمات تربوية خاصة له، تتمثل في مواد تعليمية مكيفة، وأجهزة وبرامج تعليمية، وفوق ذلك كله بيئة

تعليمية مناسبة تتيح لذوي الإعاقات البصرية استغلالاً أمثل لبقية حواسه؛ مـما يـزيد فرص الاستفادة من البرامج الدراسية التي توفرها التربية الخاصة.

**من هم ذوي الإعاقات البصرية؟**
هم الأشخاص الـذين لا يـسـتطيعون أن يعتمـدوا عـلى حاسـة البصر ـ لعجـز فيهـا، في أداء الأعمال التي يؤديها غيرهم من العاديين باستخدام هذه الحاسة.

يجب التذكير بأنـه توجـد فئـة مـن ذوي الإعاقات البصريـة مبصرـون وهـم "الكمش"، وهو إظلام البصر عن غير علة عضوية ظاهرة، وهـذا النـوع يبصر ـ الألـوان وهو قادر على القراءة، والكتابة باللون الأسود، لكنه يحتاج إلى تربية خاصة.

# نظم تعليم ذوي الإعاقات البصرية

يتم تعليم ذوي الإعاقات البصرية في نظامين هما:

## أولاً: نظام المدرسة الداخلية

تعتبر المدرسة الداخلية لذوي الإعاقات البصرية المكان المناسب لتقديم الخدمات التربوية والنفسية لهم، حيث تتبع طرقاً تربوية خاصة فيها الإمكانات الخاصة اللازمة لهم. كما توفر المدرسة الداخلية لذوي الإعاقات البصرية مكاناً للإقامة لمن يأتي من مدن وقرى بعيدة لتجنبهم مشقة السفر والمواصلات.

إن ما توفره المدرسة الداخلية لذوي الإعاقات البصرية من توجيه سليم وخدمات تربوية ونفسية لذوي الإعاقات البصرية تريح الأسرة، لأن معظم الأسر ليسوا على دراية كافية بالوعي بتربية ذوي الإعاقات البصرية أو توجيههم. كما تتيح المدرسة الداخلية لذوي الإعاقات البصرية الفرص المناسبة للتعامل مع بعضهم، الأمر الذي يؤدي إلى تحررهم من الشعور بالخجل أو النقص أو الدونية.

## ثانياً: نظام المدرسة العادية

يقوم نظام المدرسة العادية بقبول ذوي الإعاقات البصرية مع العاديين، حيث إنها لا تحرمهم من التمتع باستمرار العلاقات الاجتماعية وممارستها في المنزل والمجتمع. وتجمع المدرسة العادية بين المدرسة الداخلية من حيث اختلاط ذوي الإعاقات البصرية وبين المدرسة العادية من حيث اختلاطهم بالعاديين، ومحاولة مجاراتهم في تحصيل الخبرات والإسهام في الأنشطة وهذا غاية كل عمل تربوي تأهيلي. كما أن المدرسة العادية تجنب ذوي الإعاقات البصرية العزلة الاجتماعية التي يشعرون بها في المدارس الداخلية، وهذا بدوره يجنبهم النظرة التشاؤمية لقدراتهم وأحكام المجتمع التي يفرضها العاديون من حولهم.

## أساليب التواصل مع ذوي الإعاقات البصرية

تتعدد أساليب التواصل مع ذوي الإعاقات البصرية حسب نوع الإعاقة ودرجتها وهي كالتالي:

### (١) اللمس

حيث تعتبر اليد لذوي الإعاقات البصرية مصدراً من مصادر اكتساب الخبرات التي يعتمد عليها في الاتصال بالعالم الخارجي، ففي أيدي ذوي الإعاقات البصرية تجتمع أدوات البحث والمعرفة والعمل، لذا تؤثر الأيدي في حياة ذوي الإعاقات البصرية الثقافية، والاجتماعية، والاقتصادية تأثيراً جوهرياً؛ لأن اليد تلعب دوراً هاماً جداً لأن مصير حياته مرتبط بها، كما أنها تعوضه عن فقد بصره، ومن ناحية أخرى يكنه بها تذوق الشعور بالجمال. ومن الوسائل التي يعتمد عليها ذوي الإعاقات البصرية اعتماداً على حاسة اللمس: طريقة برايل، طريقة تايلور، واستخدام جهاز الأوبتاكون، وآلة الثيرموفورم.

### (٢) السمع

تعتبر حاسة السمع عند ذوي الإعاقات البصرية من الحواس الهامة جداً في حياتهم ويمكن أن تكون الأهم، لأنه عن طريقها يمكنه استكشاف ما يحيط به، فقد أثبتت الدراسات أن (٧٥%) من الانطباعات الحسية تقدمها الأذن لذوي الإعاقات البصرية، حيث تساعدهم على معرفة المسافة والاتجاه، وحصولهم على كثير من المعلومات عن البيئة التي يعيشون فيها.

### (٣) الشم والتذوق

إن حاستي الشم والتذوق تلعبان دوراً هاماً في تعريف ذوي الإعاقات البصرية على البيئة المحيطة بهم، والتفاعل مع مكوناتها مما يوجب على الأسرة والمسؤولين تربيتهم سواء أكانوا في المنزل، أم المدرسة ومن بينهم المعلمين، وتدريبهم على التمييز بين الأشياء التي يمكن إدراك خواصها عن طريق حاسة الشم أو التذوق.

## (٤) طريقة برايل

إن اختراع آلة الكتابة الخاصة بالمكفوفين قد أكمل النقص الذي كان يعانيه نظامهم التعليمي، حيث أصبح بواسطته يستطيع الكفيف أن يمارس القراءة والكتابة كغيره من الأشخاص العاديين وإن اختلفت الطريقة.

يعتبر(لويس برايل) هو المؤسس الأول لطريقة برايل، وقد ولد(لويس برايل) سنة (١٨٠٩)، وفقد بصره وهو في الثالثة من عمره ، وانضم إلى معهد باريس في سن العاشرة، وقبل التحاقه بالمدرسة علّمه والده استخدام يديه بمهارة، وكان حاد الذكاء فأصبح تلميذاً وموسيقياً بارعاً، وبعد تخرجه أصبح معلماً بالمعهد واهتم برعاية المكفوفين، ولقد تمكن برايل أن يكتب طريقة الشيفرة العسكرية التي كان قد اخترعها الضابط الفرنسي (بيير لسكي) ليرسل التعليمات العسكرية إلى الجيش الفرنسي وهو في حربه مع الألمان وتتكون أساساً من اثنتي عشرة نقطة، ويمكن أن تتكون كل الكلمات بالتبادل ، إلا أن (برايل) استطاع تعديل واختصار الاثنتي عشرة نقطة إلى ست نقاط ليسهل الموقف التعليمي على الكفيف، إلا أن طريقة برايل لم تكن الطريقة الوحيدة للكتابة البارزة فقد كان هناك طرق أخرى مثل طريقة كتابة الحروف العادية ولكن بالبارز، وطريقة أخرى تستعمل فيها خطوط ومنحنيات بارزة ، إلا أن سهولة طريقة (برايل) وبساطتها أدت إلى اندثار جميع الطرق الأخرى.

وهناك خلاف في نشأة طريقة الكتابة هذه فبعضهم ينسبها إلى (تشارلس باربير" المهندس والمخترع، والبعض الآخر يقول إنها نشأت عن الحاجة إلى قراءة الشيفرة العسكرية في الظلام وسمى باربير طريقته أولا "الكتابة الليلية".

وفي سن (١٩١٥) نشر بحثاً لفت فيه النظر إلى إمكانية استخدام طريقته في كتابة النوتة الموسيقية للمكفوفين، كما أنه اخترع أيضاً لوحاً ونوعاً من القلم يمكن استخدامه في الكتابة على الورق بدقة في خطوط موسيقية نقراً بالأصابع ويبدو أن اهتمام (برايل) باختراع باربير يرجع إلى ما أحس به من إمكانية استخدامه في كتابة النوتة الموسيقية للمكفوفين، فإذا كان الأمر كذلك فإنه من المفيد أن نلاحظ أن أسلوبه في ترتيب النقط في النوتة الموسيقية هو الجزء الوحيد من طريقته العامة.

وكان أول شيء نشر عن طريقة برايل عام (١٨٣٧) أما عن طريقته بأكملها فلم تنشر إلا في سنة (١٨٣٩) ومع نجاح هذه الطريقة إلا أنها قوبلت بعدة صعوبات من القائمين بالأمر في المدارس -فالمدرس أو التلميذ الذي أراد تعلمها كان عليه أن يفعل ذلك خارج ساعات الدراسة الرسمية- وحتى المدرسة التي بدأت فيها طريقة (برايل) لم تستخدم رسمياً إلا بعد مرور ما يقرب من أربع عشرة سنة وذلك بعد وفاة (برايل) بسنين. ولم تقبل طريقة برايل في بريطانيا إلا في عام (١٨٦٩) وأما في أمريكا فبدأ استخدامها سنة (١٨٦٠). وقد عدلت هذه الطريقة بعد عام ١٩١٩ وعرفت بطريقة برايل المعدلة.

## الإعاقة الذهنية

أهم ما في الأمر أن نعرف أن المعاق ذهنياً هو إنسان تجمعنا به أشياء مشتركة. فبعض الناس أكثر ذكاءً من البعض الآخر، إلا أن قلة تتمكن من الفوز بجائزة علمية، وقلة تستطيع أن تؤلف كتاباً أو تنظم شعراً، أما معظمنا فلا يفعل. أما المعاقون ذهنياً فهم أقل ذكاءً من العاديين، وبالرغم من ذلك فقد كتبوا الشعر، وقاموا بالرسم، وأظهروا قدرات أخرى مدهشة. أما العادي فيتعلم مهارات كثيرة، ويطوّر قدراته بسرعة كبيرة خلال السنوات الأولى من حياته، أما المعوّق عقلياً فهو ذاك الذي تأخر تعلمه وتطوره أو تباطؤه لسبب أو آخر.

## الإعاقة الذهنية هي تأخر التطور الذهني أو تباطؤه

لقد عرفنا الإعاقة الذهنية فيما سبق في الفصل الأول عند ذكرنا لأنواع الإعاقات، لكننا لم نتطرق إلى التصنيفات التي تناولت ظاهرة الإعاقة الذهنية وهي كالتالي:

## ١. التصنيف طبقاً لخطورة الأعراض:

إن تصنيف الإعاقة الذهنية طبقاً لخطورة الأعراض تصنيف بدائي، وقد تطور عن طريق المؤسسة الأمريكية لدراسة "ضعاف العقول" والتي أصبحت "المدرسة الأمريكية لنقص الذكاء" في نهاية القرن العشرين.

وقد استخدمت هذه المؤسسة مصطلح مورون (***Moron***) بمعنى الأبله، لتشير إلى أولئك الذين لديهم معدل الذكاء ما بين (٥٠- ٧٥)، واستخدمت مصطلح (***Mbecile***) بمعنى معتوه لمن يكون معدل الذكاء لديه بين (٢٥- ٥٠)، ومصطلح (***Idiot***) بمعنى عبيط لمن يكون معدل ذكائه أقل من ٢٥ درجة. وبالرغم من أن هذه المصطلحات تحط من القدر، فقد أهملت من ناحية النشرات المهنية أن المتخلفين ما زالوا يصنفون طبقاً لحدة نقصهم في الذكاء وفي تكيفهم السلوكي.

أما في الوقت الحالي فيوجد تصنيف (***A.A.M.D***) والذي يصنف المعاقين ذهنياً إلى مستويات في التخلف إلى (معتدل، متوسط، خطير، ضعيف فهم) طبقاً للدرجات التي حصلوا عليها لمعدل ذكائهم، ومستوياتهم في السلوك التكيفي، وهو نظام ما زال سائداً ويستخدم بصفة كبيرة عن طريق خبراء تصنيف الأمراض، إلاّ أن سميث (***Smith***) قد وضع تصنيفاً تربوياً كالآتي:

أ. متخلف ذهنياً قابل للتعلم.

ب. متخلف ذهنياً قابل للتدريب.

ج. متخلف جداً.

**٢. التصنيف الطبي:**

يعتمد تصنيف المعاقين ذهنياً على أساس العوامل المسببة للإعاقة الذهنية كما هو موضح في الشكل (١٠)

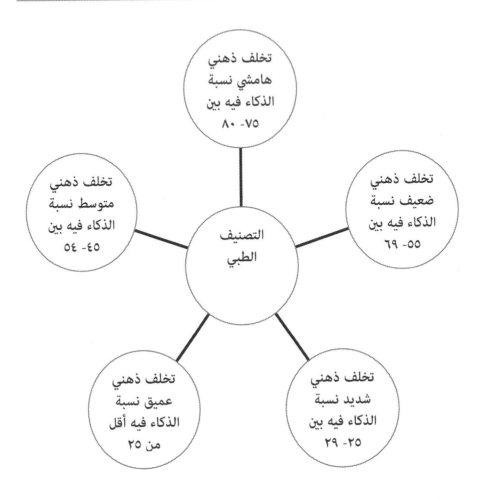

الشكل رقم (١٠)

التصنيف الطبي للإعاقة الذهنية

وهذا التصنيف يتم على أساس العوامل المسببة إلى فئات متجانسة أهمها:

- إعاقة ذهنية من الولادة وسببها وراثي تظهر عند الولادة أو بعدها.

- إعاقة ذهنية ناتجة عن تصلب الأوعية الدموية ونقص في أنسجة الجهاز العصبي.

- إعاقة ذهنية ثانوية ناتجة عن ارتقاء الدماغ لأسباب بيئية وتعرف باسم "الإعاقة الذهنية المكتسبة".

- إعاقة ذهنية ناتجة عن الإصابة بالزهري.

- إعاقة ذهنية ناتجة عن إصابة الدماغ.

- إعاقة ذهنية ناتجة عن أسباب ثقافية وتخلّف حضاري، حيث تختلف الإصابات من هذا النوع عن العاديين في انخفاض نسبة ذكائهم بالرغم من تشابههم في نواح عديدة.

- إعاقة ذهنية تشنجية.

- إعاقة ذهنية ناتجة عن السأسأة الدماغية.

- إعاقة ذهنية ناتجة عن ضمور اللحاء.

**٣. التصنيف التربوي:**

كثير من الناس ما زالت تخلط بين الإعاقة الذهنية والمرض الذهني (الجنون) فقد يعتبرونها شيئاً واحداً، فينظرون إلى ضعيف الذهن بأنه مريض ذهنياً، إلا أن الواقع مختلف تماماً، وإن كانت بعض الحالات تجمع بين المرض الذهني والإعاقة الذهنية. إلا أن اسكيرول (١٨٣٨) قد ميّز بينهما تمييزاً واضحاً، حيث أكدّ على أن الإعاقة الذهنية تدل على نقص يحول بينه وبين بلوغ مستوى نشاط الفرد العادي، أما المرض الذهني فهو عبارة عن اختلال في التوازن العقلي، وبناءً على هذا لا توجد علاقة بين الإعاقة الذهنية وبين المرض الذهني. كما أنه لا يمكن اعتبار "المجنون" ضعيف العقل فقد يكون "المجنون" عادي الذكاء، وقد يكون عبقرياً كما أنه ما زال الكثيرون يخلطون بين فئات المعاقين ذهنياً المورون (والذين تبلغ نسبة ذكائهم بين ٥٠ - ٧٥) ، وبين فئة بطيئي التعلم ( ونسبة ذكائهم بين ٧٠ - ٩٠) ، والواقع أن

هناك فئة المعتوهين والبلهاء وضعاف العقول، بينما فئة المورون تمثل فئة المعاقين ذهنياً، بينما فئة بطيئي التعلم فئة مختلفة كلياً عن المعاقين ذهنياً.

وبناءً على هذا يمكن تقسيم المعاقين ذهنياً وتربوياً إلى:

(أ) فئة الضعف الـذهني وتشـمل البلهـاء والمعتوهين، وفئـات العـزل، والقـابلين للتدريب.

(ب) فئة الإعاقة الذهنية وتشمل المورون القابلين للتعلم.

(ج) فئة بطيئو التعلم (المتأخرين دراسياً).

**تصنيفات الإعاقة الذهنية**

**أولاً: الضعف الذهني**

**١. المعتوهون:**

**نسبة الذكاء:** لا تزيد عن (٢٥) درجة في الضعف الذهني

لا يتجاوز العمر الذهني لهـذه الفئة عنـد النضـج ٣ سنوات تقريبـاً، وتبلـغ نسبتهم حوالي (٥%) من ضعاف الذهن، وهم غـير قابلين للتعلم أو التـدريب. كما أنهم لا يقدرون على الكلام، أو القراءة، أو الكتابة على الإطلاق، إضافة إلى أنه لا يمكن تدريبهم للاعتماد على الذات أو العناية بحاجاتهم الجسمية الأساسية اليومية. كما أن غالبيتهم يعاني من الشلل الدماغي، والصرع، والتهتهة التي لا معنى لها، ومعظمهم لا يعيش عمراً طويلاً، وليست لـديهم القدرة عـلى الإنجـاب، كـما أنهـم لا يـستطيعون حماية أنفسهم من الأخطار، ويشكلون خطراً عـلى أنفسهم والمجتمع حيث يتعرضون للاضطراب العضوي والانفعالي؛ لذا فإن أفضل ما يمكن عمله لهم تـوفير العنايـة لهـم لحمايتهم من الضرر بأنفسهم أو بغيرهم، فيوضعون في مؤسسات خاصة بعيدة عـن المجتمـع تحـت رعايـة وإشراف كـاملين مـن وزارة الشؤون الاجتماعية ووزارة الصحة، ولا تدخل رعايتهم ضمن نطاق وزارة التربية والتعليم.

## ٢. البلهاء:

**نسبة الذكاء:** بين (٢٠-٢٥) درجة

تبلغ نسبتهم (٣٠%) من مجموع ضعاف الـذهن، ويتراوح عمـرهم العقـلي عند النضج بين (٣-٧) سنوات.

إن الأبله غير قابل للتعليم لكنه قابل للتدريب على بعض المهارات والأعمال البسيطة التي لا تتطلب مهارات فنية عالية مثل: الخـزف أو حياكـة السـجاد، حيـث يمكن إلحاقهم بمراكز التأهيل ومؤسسات التـدريب، وإشباع حاجاتهم ورغباتهم في اللعب والترويح وحمايتهم في نفس الوقت؛ لأن هـذه الفئـة يصـعب عليها التوافـق الاجتماعي، وتقوم برعايتهم المؤسسات التابعة لوزارة الشؤون الاجتماعية.

## ثانياً: المعاقون ذهنياً

ويطلق عليهم "المورون"، المأفونون، القابلون للتعلم حيث تضم هـذه الفئـة من تتراوح نسبة ذكائهم بين (٥٥- ٧٥) درجة، وهم يشكلون مـا نسبته (٧٥%) مـن المعاقين ذهنياً، وتبلغ نسبتهم في المجتمع (٢.٥%).

وتعرف الإعاقة الذهنية بأنها:

---

توقف أو عدم اكتمال تطور الذهن ونضجه مما يؤدي إلى نقص في الذكاء لا يسمح للفرد بحياة مستقلة، أو حماية نفسه ضد المخاطر أو الاستقلال، فهو قصور ضعف قدرة الفرد عـلى الفهـم والإدراك وبالتالي قدرته على التكيّف الاجتماعي.

---

إنّ المعاقين ذهنياً لا يستفيدون مـن البـرامج العاديـة ولا يصـلون إلى العـاديين في تحصيلهم الدراسي، فهم لا يتجاوزون الصف الرابع الابتدائي أو بداية الخامس، حيـث إنهـم يتأخرون عن زملائهم من الناحية التحصيلية مـا يقـارب (٣) سنوات. كـما أن إدراكهـم لا يتجاوز إدراك طفل في الثامنة أو العاشر كحد أقصى. وقد يصلون إلى مسـتوى النضج

الاجتماعي الذي يساعدهم على الاعتماد على أنفسهم إلى حد كبير في حياتهم عن طريق تقديم برامج خاصة لهم تسمح بتأهيلهم لبعض الحرف، إلا أنهم يختلفون عن العاديين في الخصائص الانفعالية، والاجتماعية، والجسمية، والحركية، والذهنية، إضافة إلى أنهم يتأخرون عن زملائهم في النمو اللغوي، ويعانون من عيوب كلامية وناتج المحصول اللغوي، كما تشير بعض الأبحاث إلى وجود فروق في القابلية للتعليم بينهم وبين العاديين في المهارات الحركية المختلفة وإن كانت ليست فروقاً كبيرة، بحيث يمكن القول أن الأطفال يصلون في نموهم الجسمي والحركي إلى مستوى قريب من مستوى العاديين.

**أسباب الإعاقة الذهنية والضعف الذهني**

تنقسم إلى عوامل بيئية ووراثية:

**أولاً: العوامل البيئية وهي نوعان**

**١. عوامل بيولوجية:**

وهي التي يحدث فيها أثر البيئة بعد عملية الإخصاب مباشرة، أي أثناء تكوين البويضة في الرحم، وأثناء الولادة أو بعدها. حيث ينتهي أثر العوامل الوراثية بعد الإخصاب بعد ذلك يظهر أثر العوامل البيئية، ونسبة هذه العوامل حوالي (٢٥%) من حالات الضعف الذهني ومنها:

**(أ) أثناء الحمل:**

كأن تتعرض الأم لأمراض الزهري، أو الجدري، أو السعال الديكي، أو أمراض القلب، أو الحصبة الألمانية خاصة في الشهور الثلاثة الأولى، حيث يسبب ذلك تلفاً في المخ أو نقل عامل ريزس (Rh) بسبب اختلاف دم الأم عن دم الجنين، مما يؤدي إلى عدم نضج خلايا المخ، إضافة إلى إدمان الأم للمخدرات، أو الكحول، أو محاولتها للإجهاض.

**(ب) أثناء الولادة:**

وتكون هذه العوامل بسبب حالات الولادةغيرالطبيعية،حيث يترتب عليها حدوث إصابات في الجمجمة تؤدي إلى خلل ذهني ، أوقصور في بعض النواحي الحركية و العقلية

خاصة في حالات الولادة القيصرية، كذلك نقص الأكسجين أثناء الولادة يؤدي إلى إعاقة ذهنية تسمى (أنوكسيا Anoxia)، كما أن الولادة المبتسرة بالولادة قبل تمام نمو الجنين تؤدي إلى حدوث الإعاقة الذهنية.

### (ج) بعد الولادة:

وتتمثل هذه العوامل في إصابة الطفل في طفولته المبكرة ببعض الأمراض أو الحوادث التي تسبب تلف المخ، مما يؤدي إلى حالات القصور الذهني أو بطء الفهم أو الضعف الذهني الشديد. وذلك مثل الالتهاب السحائي، أو المخي، أو الحمى الشوكية، أو التهاب الدماغ، أو الحمى القرمزية، أو الأنفلونزا، أو الالتهاب الرئوي، أو التهاب الغدة النكافية، إضافة إلى سوء التغذية الشديد، أو نقص البروتين في السنة الأولى من العمر مما يؤدي إلى الإعاقة الذهنية.

### ٢. عوامل بيئية حضارية:

وهي عوامل بيئية تحدث ردود فعل وظيفية مثل: الاضطرابات النفسية الانفعالية في الطفولة المبكرة، وضعف المستوى الاجتماعي، والاقتصادي، والثقافي، والحرمان من المثيرات التي تساعد الطفل على النمو السليم أو تؤدي إلى النضج الذهني، والنفسي، والاجتماعي، والانفعالي. فالتنشئة غير السليمة أو غير الملائمة لا تتيح الفرصة لنمو الطفل وتعوق قدراته الذهنية وإمكاناته الوراثية من الوصول إلى النضج وهو الهدف الأسمى من عملية النمو المتكامل في جميع جوانب شخصية الطفل، فالحرمان الاجتماعي له آثار سيئة على النمو الذهني في مرحلة الطفولة المبكرة، حيث إن النمو الذهني للطفل في هذه السن المبكرة قد يتعطل بسبب الحرمان الاجتماعي أو نتيجة لاضطرابات نفسية أو انفعالية.

### ثانياً: العوامل الوراثية

وهي العوامل المسؤولة عن حوالي (٨٠%) من حالات الضعف الذهني وذلك لوجود تلف أو قصور أو خلل في خلايا المخ أو الجهاز العصبي المركزي، الأمر الذي يؤدي إلى حدوث إعاقة في وسائل الإدراك والوظائف الذهنية المختلفة، وصعوبات في العملية التعليمية.

وتحدث وراثة الضعف الذهني بطريقة مباشرة عن طريق الجينات الوراثية التي تحملها كروموسومات الخلية التناسلية، أو بطريقة غير مباشرة عن طريق نقل الجينات عيوباً تكوينية أو قصوراً أو اضطراباً أو خللاً أو عيباً يؤدي إلى تلف أنسجة المخ وتعوق نموه و وتسبب خللاً في وظائفه.

**نظم تربية وتعليم ذوي الإعاقات الذهنية**

تؤدي التربية دوراً كبيراً في مجال التربية الفكرية، لأنها تعتبر صورة من صور التقدم في أي مجتمع، وواجبها المساهمة في حل الكثير من المشكلات التي يتعرض لها الأفراد.

لذا، فإنه من الضروري إعداد برامج تعليمية خاصة لتربية وتعليم ذوي الإعاقات الذهنية، لمساعدتهم على التكيف الاجتماعي، وتدريبهم على الاهتمام بأنفسهم، وتعريفهم بدورهم في الحياة الاجتماعية، ثم تعلميهم القراءة، والكتابة، والكلام، والحساب في حدود إمكاناتهم التعليمية. وتتضح أساليب التواصل التربوي لهذه الفئات في نوعين أساسيين، ساد أحدهما في القرن التاسع عشر- ويمثل الاتجاه القديم في التربية، حيث كانت فلسفة العصر تؤمن بأن الطفل يكتسب معلوماته المختلفة وخبراته ومظاهر نموه العقلي عن طريق الإدراك الحسي، وتدريب العضلات والحواس بوسائل حسية.

**(١) نظام منتسوري:**

بدأت ماريا منتسوري في أواخر القرن التاسع عشر بالاهتمام بذوي الإعاقات الذهنية، حيث آمنت بأن الإعاقات الذهنية مشكلة تربوية أكثر منها طبية، فأنشأت مدرسة للتربية الخاصة لذوي الإعاقات الذهنية، حيث صممت أدوات تعليمية خاصة مكونة من (٢٦) بنداً مخصصة لتدريب جميع الحواس والعضلات ما عدا حاستي الشم والذوق والتي تعتمد على مبدأ الحرية في التعليم. ومنها:

- لتدريب الإحساس بالحرارة كان الطفل يضع يده على جسم بارد ثم دافئ ثم ساخن، حيث يمكنه التمييز بين درجات الحرارة المختلفة.

- لتدريب حاسة اللمس استخدمت الورق الناعم والخشن.
- لتدريب حاسة السمع استخدمت صناديق صغيرة مملوءة بالحصى، والرمل والمعدن، والاستماع إلى الطيور المغردة.

**(٢) نظام دنكان:**

وضع دنكان برنامجاً لتربية المعاقين ذهنياً، حيث قامت فلسفته على نظرية سبيرمان في الذكاء العام، ونظرية ألكسندر في الذكاء النوعي، ويتلخص نظامه فيما يلي:

- تمرينات لما يستطيع الطفل لمسه وملاحظته والاستماع إليه.
- منهاج للأعمال اليدوية، وأشغال الإبرة، والموضوعات المنزلية كالغسيل والتربية البدنية، وفلاحة البساتين.
- ضرورة استخلاص الخبرات من الطفل نفسه.
- الحرية الموجهة لتعبير الطفل عن ميوله ورغباته.
- تجسيد طريقة المشروع وجعلها أكثر حسيّة وربطها بخبرات الطفل وتجاربه.

**(٣) نظام ديكرولي:**

ابتكر ديكرولي في أوائل القرن العشرين الكثير من الألعاب الجمعية، والأنشطة الهادفة لتصحيح العيوب الظاهرة لذوي الإعاقات الذهنية، حيث كان يعوّدهم على الانتباه، والعمل بأنفسهم لتنمية الإدراك الحسي لديهم.

وقد اعتمد نظامه على إيمانه بأن تعليم ذوي الإعاقة الذهنية يجب أن يتمركز حول حاجاتهم الأساسية، فكان يعلمهم عن طريق أنفسهم بإشباع حاجاتهم الممكنة الحسية والعقلية مع الاهتمام بالبيئة الطبيعية لهم من خلال أساليب ثلاثة هي: الملاحظة، والربط، والتعبير وهي أساليب يتمثل فيها مبدأ الحرية إلى حد كبير.

## الإعاقة السمعية

يعتبر ذوي الإعاقات السمعية من الفئات التي ما زالت تعاني من الحرمان بالحياة مع الأسوياء؛ لأن حاسة البصر وسيلة يتعرف بها الإنسان على بيئته المادية، أما السمع فهي وسيلته للتعرف على بيئته الاجتماعية، أي أنهم فئة تتطور حياتها دون التمتع إما بالاتصال أو التعامل الكامل مع البيئة على أساس سمعي.

## تصنيفات ذوي الإعاقات السمعية:

يتم تصنيف هذه الفئة من الإعاقات على أساس التصنيف الوظيفي للسمع، والذي يمكن توقعه على مستويات مختلفة من الفقدان، كما يتم قياسها بوحدات الديسبل (Decible) وهي تصنيفات تستند على متوسطات النغمة الصافية، إذ تعتمد على كمية السمع للذبذبات (٥٠٠، ١٠٠٠، ٢٠٠٠) وحدة صوتية (HZ)، وهي مدى ذبذبات الكلام، وتبعاً لذلك يضم هذا المنظور التصنيفي فئتين هما: الصمم، ضعف السمع.

> فالطفل الأصم هو الذي ولد فاقداً لحاسة السمع إلى درجة تجعل الكلام المنطوق مستحيلاً مع المعينات السمعية أو بدونها. أما الطفل ضعيف السمع فهو الذي فقد القدرة السمعية قبل تعلم الكلام، ويعاني عجزاً أو اختلالاً يحول بينه وبين الاستفادة من حاسة السمع لديه لأنها معطلة، لذلك لا يستطيع اكتساب اللغة بالطريقة العادية.

وهذا هو الفرق بين الأصم وضعيف السمع، فرق في الدرجة نظراً لأن الأصم يتعذر عليه الاستجابة التي تدل على فهم الكلام المسموع، أما ضعيف السمع فهو قادر على استخدام حاسة السمع لديه في اكتساب القدرة على فهم الكلام.

# أنواع الصمم وأسبابه

## ١. صمم ولادي:

تبلغ نسبة الصمم الولادي (١٥%) من مجموع حالات الصمم، وهي أكثر شيوعاً لدى البنين أكثر من البنات مما يعطل النمو اللغوي لديهم، حيث إنهم يولدون بإصابة في الأذن الداخلية وخاصة العصب السمعي بأمراض تتلفها أو تعطلها عن العمل.

وتتدخل الأسباب الوراثية بنسبة (٥٠-٦٠%) من العدد الكلي للمصابين بالصمم، كما أن ما يقارب (٩٠%) من الصمم الوراثي تسببه جرثومة حاملة للمرض (Recessive Gene)، كما أن الولادة السابقة لأوانها والتي يولد فيها الأطفال غير مكتملي النمو يكونون أربعة أضعاف الأطفال غير المصابين بالصمم، وما يقارب (١٧%) من الصم في سن المدرسة ولدوا غير مكتملي النمو.

## ٢. صمم مكتسب:

ويحدث الصم نتيجة الإصابة بأحد الأمراض التي تسبب نسيان الطفل المحصول اللغوي والكلامي الذي اكتسبه عند إصابته بالصمم في سن مبكرة، ومن هذه الأمراض: الحصبة الألمانية، والتهاب السحايا، والإصابة في الأغشية الواقية بالمخ، والنخاع الشوكي.

كما أن الصمم قد يكون عرضاً من الأعراض المصاحبة لفصام الطفولة حيث لا يتكلم المريض لأنه في عزل تام عن المجتمع، إذ أنه لم يعد يجد ضرورة للاتصال بالغير عن طريق التنبيه الكلامي أو أي وسيلة أخرى، كما قد يكون عرضاً هستيرياً فقد يفقد الطفل في بعض الأحيان صوته لمدة أسابيع أو شهور بسبب ضغط الصراعات الانفعالية الشديدة الوضع، مثل الضغط الأسري على الأطفال لنطق الكلمات مبكراً، الأمر الذي يؤدي إلى انزواء الأطفال تحت الضغط بحيث يكونون اتجاهاً سلبياً نحو الكلام ويستمرون على صمتهم أو يفقدون الكلام.

أساليب الاتصال لذوي الإعاقات السمعية

هناك عدة أساليب يمكن لذوي الإعاقات السمعية التواصل عن طريقها وهي كالتالي:

**أولاً: الطريقة الشفوية**

وهي فن معرفة أفكار المتعلم بملاحظة حركات فمه، والأساس فيها هو الكلام وقراءته، أي قراءة حركة الشفتين.

وتستخدم هذه الطريقة لتنشيط فهم ذوي الإعاقات السمعية لما يقوله لهم الآخرين وإدراك معانيه، ويتحقق ذلك بتوجيههم إلى بعض الحركات والإشارات المعينة التي تحدث على الشفاه، وبعض حركات الوجه التي تساعد على حل رموز الكلام وفهمه. وتسمى أحياناً بـ "قراءة الكلام"، أو "القراءة البصرية" وذلك لتنبيه الأذهان إلى المعنى الحقيقي لقراءة الشفاه؛ مما يسهل لذوي الإعاقات السمعية الخروج إلى الحياة العادية والمشاركة في الحياة.

وتعتمد هذه الطريقة على قدرة الطفل على ملاحظة حركات الفم، والشفاه، واللسان، والحلق، وترجمة هذه الحركات إلى أشكال صوتية (حروف)، إضافة إلى أنها تحتاج إلى خبرة المعلم ليمارسها، وإلى خبرة المتعلم ليتدرب عليها.

وتمر الطريقة الشفوية بعدة مراحل يمكن تفصيلها فيما يلي:

**١. النظر إلى الوجه:**

يُطلب في هذه المرحلة من ذوي الإعاقات السمعية النظر إلى وجه الآخرين، للتعرف عليهم ودراسة ما يعملون ويقولون. وهذه المرحلة تعطي للأهل وللمتعلمين فرصة البدء في تعليمهم قراءة الشفاه، خاصة إذا شعر المتعلمين بعطف وحنان ممن يقوم برعايتهم ويتولى توجيههم.

## ٢. الربط:

ويتم في هذه المرحلة بداية الفهم، حيث يربط فيها ذوي الإعاقات السمعية ما يراه على الوجه من تعبيرات وبين الموقف، كما أن لهذه المرحلة أهمية في تكوين العادات التي تضع أساس قراءة الشفاه.

## ٣. الفهم المعنوي:

وهي مرحلة الفهم المجرد التي لا تعتمد على مواقف يراها الطفل بحواسه أثناء التحدث إليه، وإنما تعتمد على الكلام فقط.

## ثانياً: الإشارات والحركات الصامتة

وهي وسيلة طبيعية للتخاطب والاتصال بين ذوي الإعاقات السمعية، يقترن فيها المنبه البصري بالمعنى، وتنقسم إلى قسمين:

## ١. الإشارات الوصفية:

وهي الإشارات اليدوية التلقائية التي تصف فكرة معينة مثل: رفع اليد للتعبير عن الطول، وفتح الذراعين للتعبير عن الكثرة. إن ذوي الإعاقات السمعية يتعلمون غالباً في سنوات الاحتياج السريع للغة من (٢-١٣) سنة بسرعة ويستخدمونها مع أقرانهم الصم، وبالتالي إن هذا سيثري حصيلتهم اللغوية ويجعلهم أكثر سوية. كما أن العلاقات الشخصية المتداخلة مع ذوي الإعاقات السمعية بلغة الإشارة تستطيع أن تعطي لهم فرصة التعلم مع أقرانهم، إذ أنه جزء ضروري ليس للنمو اللغوي فقط بل للنمو الشخصي بشكل عام، فالاتصال المبكر لذوي الإعاقات السمعية باستخدام الإشارة يسهل نمو بناء الجمل العادية، والتي نجد أن قليلاً من ذوي الإعاقات السمعية الذين يستخدمون الطريقة الشفوية قد تمكنوا منها.

يجدر الذكر أن هناك أكثر من ٢٠٠٠ إشارة رسمية في دليل الإشارة لذوي الإعاقات السمعية، لا توجد واحدة تشبه الأخرى حيث يشتق المعنى من مضمون الكلمة وليس من الكلمة نفسها، فتعبير الإشارة المستخدمة والمضمون المجمل للكلمة يصبح جزءاً أساسياً في البناء اللغوي عند الشخص الذي يؤدي الإشارة.

**٢. الإشارات غير الوصفية:**

وهي الإشارات الدالّة بشكل خاص حيث تكون بمثابة لغة متداولة بين ذوي الإعاقات السمعية، وتسمى الهجاء الإصبعي (*Finger Spelling*)، وتعتمد على تصوير حرف من الحروف الهجائية والأرقام بشكل خاص يؤديها المعلم أمام المتعلمين مكوناً الجمل والعبارات.

وتلاقي هذه الطريقة قبولاً أكثر من لغة الإشارة الوصفية، لأنها مرتبطة بشكل مباشر باللغة المكتوبة، والصيغ النحوية المعروفة التي يمكن أن يحفظ استخدامها، كما أن هذه اللغة يمكن استخدامها مع الأطفال بين (٣- ٦) سنوات، وكذلك مع الأكبر سناً بشرط وجود مستوى عقلي متوسط أو أعلى قليلاً.

إلا أن هذه الطريقة لا تصلح لذوي الإعاقات السمعية في سن مبكرة، لأنهم يجهلون لغة الرموز، والتي لا يستطيعون فهمها والتعامل معها، وبالتالي فإن هذه الطريقة بمفردها لا تزيد عن تنمية اللغة بالنسبة للطفل الذي يرقد في سريره.

# الفصل الرابع

## برامج الترويج واللعب عند ذوي الحاجات الخاصة

## مقدمة

هناك خلط بين المفاهيم المترابطة ببرامج الخدمات الترفيهية والتربية الرياضية، حيث نجد العديد من التنظيمات الفلسفية تنظر إلى برامج اللعب والترويح باعتبارها جزء من برامج التربية الرياضية، بينما نرى بعضها يفصل بين البرامج الترويحية والتربية الرياضية.

وبالرغم من أن الأنشطة الترويحية تراعي الحرية الفردية في اختيار نوعية النشاط المرغوب والحد الأدنى من الوقت، إلا أن هناك نوعين من تلك الأنشطة الترويحية أحدهما النشاط الترويحي المنظم وهو الذي يخضع لنظام معين قد لا يأخذ بعين الاعتبار الحرية الفردية، خاصة في الجانب الزمني، والثاني يطلق الحرية للأفراد في اختيار نوع النشاط وزمانه.

## مفهوم الترويح:

يعرّف الترويح بأنه:

> ذلك النشاط الحر الذي يختاره الفرد بمحض اختياره، ويمارسه بأوقات فراغه بما يتفق مع ميوله ويشعر في أدائه برضا واستمتاع، وهو الخلاص من السيطرة والتحليق في دنيا الحرية، وتقرير الفرد لمصيره بنفسه.

بناءً على ما سبق، يجب أن تستغل البرامج الترفيهية أو الترويحية لمواجهة تلك الاختصاصات المتباينة من فئة إلى أخرى، وتكون بذلك قد حققت الغرض المطلوب من الترويح كأداة للتعليم والتدريب والعلاج، وأداة للتسلية.

أما أشكال الترويح فيوجد: اللعب، والترفيه، وقضاء وقت الفراغ.

**اللعب:**

هو نشاط ذاتي يسير وفق تعليمات وتوجيهات خارجية، أو وفق تعليمات داخلية.

**لماذا الألعاب التربوية؟**

**فوائد اللعب الجسمية:**

١. يساعد اللعب في عملية النمو الجسمي السليم، فهو يقوي الجسم ويمرّن العضلات، ويساعد أجهزة الجسم الداخلية على القيام بعملها، ويساعد على التخلص من السموم.

٢. يساعد على تدريب الحواس وتهيئتها للتعلم.

٣. يساعد على تجديد النشاط.

٤. يساعد على إتقان الحركات وبناء المهارات، وتنمية التآزر الحسي الحركي.

**فوائد اللعب النفسية:**

١. يرضي دوافع الطفل وحاجاته النفسية، كالحرية، والنظام، والأمان، والحل، والحل والتركيب، والقيادة والاجتماع.

٢. يساعد على تهيئة نفس الطفل للتلقي والتعلم ونمو أدوات التعلم كاللغة.

٣. يتيح الفرصة للطفل للتعبير عن حاجاته وميوله ورغباته.

٤. يعطي الطفل فرصة العيش في اللعب، ويواكب خبراته فكأنه يراقب نفسه ويتابعها في جميع نواحيها.

٥. يوفر للطفل فرصة التغيير التي يحتاجها في مختلف المراحل.

**فوائد اللعب الذهنية:**

١. يوفر المجال لتربية ذهن الطفل وزيادة قدرته على الفهم.

٢. يساعد على تنمية الحواس وتدريبها، وربطها بعمليات الإدراك والتعلم.

٣. يوفر للطفل فرص الابتكار والإبداع، والتشكيل كما في ألعاب التركيب.

٤. يساعد على حفز عقل الطفل على التفكير المستقل كالتخلص من المآزق، وحل الألغاز، وألعاب التخفي.

٥. يساعد على تنمية عمليات الاستكشاف الذهنية.

٦. يمهد لعمليات التحكم بالنفس، وضبط الذات، وتقديرها.

٧. يوفر فرص ربط العمليات الذهنية مع نواحي النمو المختلفة.

**فوائد اللعب الاجتماعية:**

١. تدريب الطفل على الانتقال من الفردية (الأنا) إلى الجماعية (نحن) و(هم).

٢. تساعد على تنظيم وتوجيه الألعاب الجماعية السلبية (الشلل)، إلى ألعاب جماعية إيجابية كالفرق والنوادي والمعسكرات.

٣. يقدم اللعب الجماعي المجال لتقويم خلق الطفل، حيث يخضع الطفل لعمليات جماعية مفعمة بالأجواء النفسية، والعاطفية، والانفعالية القابلة للتعديل، ومن هذه العوامل المشاركة الوجدانية، والتضامن، والمنافسة الموجهة، والتعاون، واحترام الآخرين، والطاعة في اتباع التعليمات وأدوار القيادة والتابعية بوضعها السليم.

٤. يوفر للطفل فرص بعض الأدوار الاجتماعية الإيجابية.

٥. يوفر للطفل ممارسة مواقف لعب قد تشبه كثيراً من مواقف الحياة التي قد تواجهه في المستقبل.

٦. يتعلم الطفل المعنى الحقيقي لقوانين المجتمع وعاداته.

## اللعب عند ذوي الحاجات الخاصة

اللعب هو حياة ذوي الحاجات الخاصة، ولغتهم وأداتهم القريبة منهم، والمحببة إليهم، والباعثة لكثير منهم المرح والسرور في أنفسهم، واللعب هو أفضل أدوات التعلم عند ذوي الحاجات الخاصة بكل ما يعنيه التعلم له ولشخصيته.

ويعتقد الكثير من الأشخاص أن ذوي الحاجات الخاصة بإمكانهم أن يلعبوا بالألعاب العادية أو يمارسون ألعاباً عادية. ومثل هذا الاعتقاد قد يكون صحيحاً على المستوى النظري، أما على المستوى العملي فإن هذا الاعتقاد بحاجة إلى دراسة، نظراً لأن بعض ذوي الحاجات الخاصة على الأقل، لديهم حاجات لعب خاصة بهم تختلف تماماً عن حاجات لعب العاديين.

بناءً على ما سبق، نستخلص وجود ثلاثة اتجاهات حول ألعاب ذوي الحاجات الخاصة:

١. أن ذوي الحاجات الخاصة يمكنهم ممارسة ألعاب العاديين.

٢. أن ذوي الحاجات الخاصة لديهم حاجات لعب مختلفة تماماً عن العاديين.

٣. أن ذوي الحاجات الخاصة يستطيعون ممارسة بعض ألعاب العاديين، ولديهم أيضاً حاجات لعب خاصة بهم، وعلى المعلمين الاهتمام بهذا الاتجاه في تعليم ذوي الحاجات الخاصة وتدريبهم، ويمكن لمعلم ذوي الحاجات الخاصة الاستفادة من برامج الألعاب في تربية وتدريب الحواس لهم.

### رياضة ذوي الحاجات الخاصة:

إن رياضة ذوي الحاجات الخاصة من القضايا الهامة في مجال رعايتهم، حيث يرى المتخصصون في هذا المجال أهمية الرياضة لهم؛ لذا يجب على المؤسسات العاملة في هذا المجال دعم برامجهم الرياضية، وتوفير الإمكانات اللازمة للقيام بهذه الأنشطة، وعقد دورات خاصة لهم على كافة الأصعدة المحلية، والعربية، والدولية.

أهداف التربية الرياضية لذوي الحاجات الخاصة:

يمكن تحديد الأهداف التالية للتربية الرياضية لذوي الحاجات الخاصة:

١. تحقيق الفائدة العلاجية.

٢. تحقيق الفائدة الترويحية.

٣. إعادة تكيّف الفرد مع المجتمع.

٤. تنمية مهاراتهم المختلفة في حدود الإمكانات والظروف القائمة.

٥. تزويدهم بفرص النمو الاجتماعي.

٦. تحقيق الطمأنينة والاستقرار.

خطوات تنفيذ البرنامج الرياضي لذوي الحاجات الخاصة:

١. الكشف الطبي الدقيق لوصف الحالة الصحية للمتعلم وصفاً دقيقاً وتحديد حقيقتها.

٢. تصنيف ذوي الحاجات الخاصة في جماعات متجانسة تقريباً لإتاحة الفرص التعليمية لهم.

٣. تنظيم اجتماعات فردية مع كل متعلم لمناقشة النشاط الملائم له، وإقامة علاقة ودية متبادلة.

٤. تحديد النشاط المناسب والملائم لكل متعلم على ضوء التشخيص الدقيق والاجتماعات الفردية السابقة.

مجالات وأدوات البرنامج الرياضي لذوي الحاجات الخاصة:

يحتاج بعض ذوي الحاجات الخاصة عند ممارستهم للألعاب الرياضية إلى أدوات خاصة، كالكرسي ذي العجلات، أو قد يدخل على البرنامج الرياضي نفسه تعديلات لتناسب حالة المتعلم كما هو الحال في السباحة لذوي الإعاقات البصرية.

ومهما يكن فإنه ينبغي أن يتم تشجيع ذوي الحاجات الخاصة على استخدام أدوات وإمكانات العاديين قدر الإمكان، ليتناسب هذا مع الهدف الأساسي لتربية ذوي الحاجات الخاصة وهو تكيفهم ودمجهم مع العاديين.

## اللعب عند ذوي الإعاقات الذهنية

إن الهدف من هذا الجزء محاولة وضع إطار نظري في بناء برامج ترويحية وألعاب خاصة لذوي الإعاقات الذهنية. وسيتم تقديم نموذج يوضح أبعاد الاستراتيجيات المختلفة في البرنامج، لكن في بداية الأمر سنتحدث عن فوائد الألعاب والترويح لذوي الإعاقات الذهنية، وكيفية الدمج بينهم وبين العاديين من خلال برامج الترفيه والترويح.

أوضح العلماء أن هناك هدفاً أساسياً لتربية ذوي الإعاقات الذهنية وهو تعليمهم الاشتراك بفعالية في نشاطات أوقات الفراغ، من خلال برنامج يشجع على الترويح واستغلال أوقات الفراغ.

### فوائد برامج اللعب والترويح عند ذوي الإعاقات الذهنية:

يمكن أن يصل ذوي الإعاقات الذهنية نتيجة اشتراكهم في برنامج ترويحي إلى الفوائد التالية:

١. الوصول إلى مستوى أفضل من اللياقة الجسمية والصحية.

٢. نمو اللغة.

٣. التدريب على التنقل.

٤. تنمية مهارات التفاعل الاجتماعي، واكتساب التقبل من الأقران العاديين.

٥. تعديل فكرة الذات.

٦. تطوير مهارات استغلال أوقات الفراغ.

٧. التفاعل ضمن قطاع عريض من المواقف والأقران.

### استخدام الحواس في العملية التعليمية:

أثبتت بعض الدراسات أن إشراك أكثر من حاسة في العملية التعليمية يساعد على سهولة التعلم، وشدة مقاومته للنسيان، وسهولة تذكر المادة المتعلمة.

من هنا تأتي ضرورة إشراك أكبر عدد ممكن من الحواس في العملية التعليمية، والتركيز على الحواس التي تتوفر عند ذوي الإعاقات الذهنية والجسمية.

# اللعب عند ذوي الإعاقات البصرية

إن ذوي الحاجات الخاصة بحاجة لإعطائهم فرصة للنظر من خلال حاجاتهم لمواقف يبنون من خلالها انطباعات بصرية. فذوي الإعاقات السمعية يجب أن يشجعوا على الملاحظة والنظر لتعويض إعاقتهم، وبطيئو التعلم يجب أن يشجعوا على استخدام بصرهم.

إن ذوي الحاجات الخاصة يجب أن يشجعوا على النظر والملاحظة لتكوين خبرات بصرية تفيدهم في الرؤية الغنية ذاتها، وتزودهم بوقت للاستمتاع وتغني خبراتهم وذاكرتهم.

## ألعاب مختارة لتنمية حاسة البصر

### اللعبة رقم (١)

| | |
|---|---|
| اسم اللعبة | اكتشاف الشيء المخفي أو المضاف. |
| الهدف العام | تدريب وتنمية الانتباه البصري |
| الهدف الخاص | اكتشاف الطفل الشيء المخفي أو المضاف |
| المواد اللازمة | صينية، كبريت، قلم رصاص، لعبة صغيرة، زر |

### الإجراءات ووصف اللعبة:

١. رتب المواد على الصينية.

٢. دع الطفل ينظر إلى الأشياء ويتذكر مواقعها.

٣. دع الطفل يغمض عينيه.

٤. حرّك واحدة من الأشياء من مكانها وخبئها.

٥. اسأل الطفل ما الشيء الذي حركناه.

## اللعبة رقم (٢)

| | |
|---|---|
| اسم اللعبة | رسم اليدين والقدمين على الورق وتلوينها |
| الهدف العام | التعرف على الألوان والأشكال |
| الهدف الخاص | التمييز بين الألوان، وقص الورق |
| المواد اللازمة | ورق، مقص، غطاء واقي للطفل على الطاولة، دهان وفراشي، قلم رصاص |

**الإجراءات ووصف اللعبة:**

١. يجلس الطفل على الطاولة.

٢. يضع الطفل يده اليمنى على الورقة ويحدد معالم كفه اليمنى بقلم رصاص.

٣. يلوّن الطفل بالفرشاة سمة كفه اليمنى على الورقة.

٤. يضع يده اليسرى ويحدد بقلم رصاص شكلها على الورقة.

٥. يلوّن رسمة كفه اليسرى.

٦. يقص الطفل الشكل الملون ليده اليمنى واليسرى.

٧. يثبت الشكلين على ورق مقوى.

٨. يمكن للطفل أن يعمل نفس الخطوات بالنسبة لقدميه.

**ألعاب أخرى لتنمية حاسة البصر**

١. تجمع الصور أو أجزاء الصور (ورقية أو خشبية).

٢. ألعاب الكرة وتشمل: دحرجة الكرة، ومسكها باليدين، لعبة حارس المرمى، قذف الكرة في صندوق كرتوني، لعبة ساعة الغولف وتستعمل فيها العصي- وكرات التنس.

٣. اللعب بالألوان: رسم نماذج وتلوينها.

٤. قص الصور من المجلات وإلصاقها على بطاقات.

٥. طبع الأشكال عن طريق الإبهام، والبطاطا المقطوعة من النصف، نهاية قلم، نهايـة مسطرة، ورق شجر.

**توصيات للمربي لتنمية حاسة البصر:**

١. يمكن عمل زاوية في المنزل ووضع أشياء مختارة للنظر إليها، وتكـون هـذه الزاويـة لعرض الأشياء الممتعة، وتغير الأشياء بين حين وآخر، ويمكن أن تشمل المعروضـات نماذج من صنع الأطفال كالأصداف، وأوراق الشجر، والأزهار.

٢. يمكن أن تشمل الزوايا على النباتات النامية مثل: القمح، الفاصولياء لمراقبة نموها.

## اللعب عند ذوي الإعاقات السمعية

كل الأطفال عاديين أو ذوي حاجات خاصة بحاجة لأن يتعلموا كيفية الإصغاء؛ ليتذكروا الأصوات ويتعلموا بالتالي الكلام.

إن حاسة السمع هامة جداً لذوي الحاجات الخاصة، خاصة لدى من يستخدم حاسة السمع كتعويض عن حاسة مفقودة، ويبقى السمع ضرورياً لمن يحتاج تشجيع الأطفال ليسمعوا. ويجدر بالذكر أن الأطفال يحبون عمل الأصوات، ويشعرون بالرضا إذا ضبطوا الأصوات، وربطوها حسب تتابع الحوادث، وهذا يساعدهم في التركيز والتآزر السمعي.

**ألعاب مختارة لتنمية حاسة السمع**

اللعبة رقم (١)

| | |
|---|---|
| اسم اللعبة | إشارات المرور |
| الهدف العام | تدريب الطفل على الاستماع |
| الأهداف الخاصة | أن يسمع، أن يركز، أن يربط ما يسمعه بسلوك معين، أن يتدرب على إشارات المرور |

**الإجراءات ووصف اللعبة:**

١. تقول الأم أحمر يجلس الطفل.

٢. تقول الأم أصفر يقف الطفل.

٣. تقول الأم أخضر يجري الطفل.

٤. تقول الأم الألوان بشكل عشوائي (أحمر، أصفر، أخضر)، (أصفر، أخضر، أحمر).

٥. يمكن أن تقود الأم أو المعلم/ المعلمة بهذه اللعبة، ويمكن أن يقودها الأطفال بالتناوب.

اللعبة رقم (٢)

| | |
|---|---|
| اسم اللعبة | دولبة الصحن |
| الهدف العام | تدريب الطفل على الاستماع والتركيز |
| الأهداف الخاصة | أن يسمع، أن يركز، أن يربط ما يسمعه بسلوك معين |

**الإجراءات ووصف اللعبة:**

١. يجلس الأطفال في دائرة ويعطى كل واحد رقم معين.

٢. يجلس قائد اللعبة وسط الدائرة.

٣. يلف قائد اللعبة الصحن ويقول اثنين مثلاً.

٤. يندفع الطفل رقم (٢) نحو الصحن ليمسكه قبل توقفه.

٥. إذا نجح صفقوا له، وإذا لم ينجح عاد مكانه.

٦. في كل مرة يلف فيها القائد الصحن، يذكر رقماً معيناً كي تشمل اللعبة كل الأطفال الموجودين.

**ألعاب أخرى لتنمية حاسة السمع**

١. لعبة ابدأ - قف: حيث يبدأ الطفل بتحريك يده أو التلويح بعلم عندما يسمع الصوت، وعندما ينقطع الصوت يقف عن تحريك يده أو تلويح العلم.

٢. لعبة الجرس: ويكون الأطفال معصوبي الأعين، وبيد كل واحد منهم مضرب من ورق الجرائد ما عدا واحد يحمل الأجراس حول وسطه، ويمر بين المضارب محاولاً الخروج من مكان إلى آخر في منطقة اللعب.

٣. لعبة سيد الحلبة: يقف طفل معصوب العينين وسط الحلبة والأطفال يدورون حوله، يقول قفوا ويشير إلى واحد منهم طالباً منه أن يقلد صوت القط مثلاً، ويحاول أن يحزر اسم الطفل الذي قلّد الصوت، وهكذا.

**توصيات للمربي لتنمية حاسة السمع:**

١. من الهام جداً تزويد الطفل بقليل من الضجيج منذ الصغر.

٢. التحدث مع الطفل لكي يصغي ويتكلم ويقلّد.

٣. عمل جولات سماعية يقف الطفل خلالها ويسمع ويسجل في قائمة ما يسمعه من أصوات، ويلاحظ الفروق بين الأصوات.

٤. تشجيع الطفل على سماع الراديو، والمسجل، والتلفزيون.

٥. عمل صورة صوتية يتخيل الطفل خلالها موقفاً ويخلق الأصوات الممكنة المرتبطة بتصوره، مثلاً مشوار في شارع يمكن أن يعمل الطفل أصوات سيارات، صوت صفارة الشرطة، أصوات خطوات الناس.

٦. يمكن استغلال بعض مواد البيئة في أدوات سماعية مثل: عمل هاتف من العلب الفارغة، عمل خشخيشة من صندوق صغير أو قنينة نظيفة مع حبات من الفاصولياء.

## اللعب عند ذوي الإعاقات الحركية

إن ألعاب اللمس ذات أهمية خاصة عند ذوي الإعاقات البصرية، والحركية، لأنه من خلال اللمس يستطيع ذوي الإعاقات البصرية أن يطوروا أداءهم للتعويض عن حاسة البصر، وهذا ما يجعلهم قادرين على القيام بعدة أعمال ويحقق استقلاليتهم ويوجهون أنفسهم في البيئة. وهذا يشير إلى أن ذوي الإعاقات البصرية ليسوا بحاجة إلى ذاكرة جيدة فقط، بل بحاجة لأصابع حساسة تساعدهم في أمور الحياة المختلفة.

كما أن ذوي الإعاقات الحركية يستطيعون أن يقضوا أوقاتاً ممتعة إذا طوروا أيديهم، وزادوا من حساسية أصابعهم من خلال الألعاب والنشاطات المختلفة منذ الصغر.

أما بطيئو التعلم فهم بحاجة إلى التشجيع على اللمس مع إعطائهم بعض التعزيزات، أما الطفل العدواني فالمشكلة ليست في تشجيعه على اللمس إنما كيف نساعدهم على ذلك بأقل ضرر ممكن.

من هنا فالأصابع تصبح مدخلاً هاماً للمعلومات من خلال الخبرة اللمسية، ويأخذ المعوق عن طريقها في التمييز بين حار وبارد، وخفيف وثقيل، كبير وصغير، ناعم وخشن.

ألعاب مختارة لتنمية حاسة اللمس

اللعبة رقم (١)

| | |
|---|---|
| اسم اللعبة | اكتشاف الأشياء عن طريق اللمس |
| الهدف العام | تنمية وتدريب حاسة اللمس |
| الأهداف الخاصة | أن يختبر، أن يميز، أن يضع، أن يلمس، أن يسمي |

**الإجراءات ووصف اللعبة:**

1.أن يجلس الطفل بجانب الطاولة.

2.يضع الأب على الطاولة عدة أشياء (قلم، مسطرة، كأس).

٣. تبقى يدي الطفل تحت الطاولة.

٤. يغمض الطفل عينيه.

٥. يمد الطفل يديه ويضعها على أحد الأشياء.

٦. يسمي الطفل الشيء الذي لمسه دون النظر إليه.

اللعبة رقم (٢)

| | |
|---|---|
| اسم اللعبة | التمييز بين أنسجة القماش عن طريق اللمس |
| الهدف العام | تنمية وتدريب حاسة اللمس |
| الأهداف الخاص | أن يميز، أن يلمس |

**الإجراءات ووصف اللعبة:**

١. يضع الأب عينات من أنسجة قماشية مختلفة في جيبه.

٢. يعطي الطفل واحداً من الأنسجة.

٣. يلمس الطفل النسيج.

٤. هناك صندوق فيه نفس العينات من الأنسجة القماشية.

٥. يطلب الأب من الطفل أن يخرج من الصندوق النسيج المشابه للنسيج الذي لمسه دون النظر إليه.

٦. يخرج الطفل النسيج المطلوب عن طريق اللمس.

ألعاب أخرى لتنمية حاسة اللمس

١. وضع عدة أشياء في جوارب سميكة بحيث يلمسها من الخارج ويسميها.

٢. اللعب بالرمل الرطب وصنع نماذج لأشياء منه، أو طبع أشكال عليه.

٣. اللعب بالطين بالكرات.

٤. اللعب بالماء لتوضيح مفهوم لا حرارة ولا برودة.

٥. أعمال الخياطة والنسيج.

# ألعاب تربوية لتنمية حاسة الذوق

يبدأ الطفل في أولى مراحل حياته باستخدام فمه للاستمتاع بالأشياء، ومع النمو لديه حواسه الأخرى. إلا أن الفم يبقى له دور كبير في الاكتشاف والاستمتاع، وتبقى حاسة الذوق مع الحواس الأخرى التي تساعده في إغناء حياته اليومية. ويحتاج ذوي الحاجات الخاصة إلى تدريب حاسة الذوق لديهم انطلاقاً من أن بعضهم - خاصة من هم بدرجة شديدة- يستخدمون لسانهم كأفضل وسيلة أو حتى الوسيلة الوحيدة لاكتشاف أفضل لبيئتهم والتمتع بها.

## ألعاب مختارة لتنمية حاسة الذوق

اللعبة رقم (١)

| | |
|---|---|
| اسم اللعبة | التمييز بين أنواع الطعام |
| الهدف العام | تنمية حاسة الذوق |
| الأهداف الخاصة | أن يتذوق، أن يتعرف، أن يميز، أن يربط بين الطعام واسمه |

**الإجراءات ووصف اللعبة:**

١. يجلس الطفل بجانب الطاولة.

٢. يغمض الطفل عينيه.

٣. تقدم له أنواع مختلفة من الطعام بملاعق مختلفة.

٤. كلما تذوق الطفل طعاماً بملعقة معينة يطلب منه تسمية ما تذوقه.

اللعبة رقم (٢)

| | |
|---|---|
| اسم اللعبة | الصحن المسحور |
| الهدف العام | تنمية حاسة الذوق |
| الأهداف الخاصة | أن يحزر، أن يتذوق |

**الإجراءات ووصف اللعبة:**

١. هذه اللعبة جماعية يشترك فيها عدة أطفال.

٢. يطلب من أحد الأطفال الوقوف في زاوية الغرفة ووجهه إلى الحائط.

٣. تحضر الأم ثلاثة صحون بألوان مختلفة.

٤. تضع الأم تحت أحد الصحون (٣) قطع من الحلوى والأطفال يرونها.

٥. تأخذ مجموعة الأطفال بترديد "أنا الصحن المسحور خذ ما تحتي".

٦. يلبي الطفل وعليه أن يعرف الصحن المسحور.

٧. إذا عرف الطفل الصحن المسحور يكسب ما تحته من حلوى وعددها ثلاث قطع، وإذا لم يعرف يعطى قطعة واحدة فقط.

٨. تستمر اللعبة مع كل طفل في المجموعة.

٩. يمكن تبديل قطع الحلوى بقطع فواكه مثلاً.

## ألعاب تربوية لتنمية حاسة الشم

كثير منّا يعتبر حاسة الشم أقل الحواس إفادة، إلا أنها إذا استغلت ودربت فإنها تعطي متعة، خاصة لذوي الإعاقات البصرية، وذوي الإعاقات الحركية، وذوي الإعاقات السمعية، وبطيئي التعلم، والمضطربين انفعالياً.

ومع تقدم العمر فإن كل إنسان يكوّن خبرات شميّة تغني ذاكرته من جهة، وتحذره من الأخطار من جهة أخرى. لذا، من المهم عند تقديم الألعاب أن نركز على تقديم الروائح وليس فقط التركيز على اللون، والصوت، والملمس.

**ألعاب مختارة لتنمية حاسة الشم**

اللعبة رقم (١)

| | |
|---|---|
| اسم اللعبة | التمييز بين الروائح المختلفة |
| الهدف العام | تنمية حاسة الشم |
| الأهداف الخاصة | أن يشم، أن يتعرف، أن يميز، أن يربط الشيء برائحته، أن يسمي |

**الإجراءات ووصف اللعبة:**

١. تقديم أوعية مختلفة مغلقة لأغطيتها ثقوب صغيرة.

٢. تحتوي الأوعية على مواد مختلفة مثل: القهوة، والزعتر، والفلفل.

٣. يقدم كل وعاء على حدة.

٤. يطلب من الطفل أن يشم المادة التي في الوعاء عن طريق الثقوب، ويتعرف عليها.

٥. يطلب من الطفل أن يسمي المادة التي في الوعاء.

٦. يسمي الطفل كل مادة من المواد الموجودة في الأوعية المختلفة.

اللعبة رقم (٢)

| | |
|---|---|
| اسم اللعبة | تخمين الشيء المختفي عن طريق الشم |
| الهدف العام | تنمية حاسة الشم |
| الأهداف الخاصة | أن يشم، أن يتعرف، أن يميز ، أن يسمي، أن يحزر |

**الإجراءات ووصف اللعبة:**

١. توضع عدة أشياء على صينية (قهوة، زعتر، فلفل، عطر).

٢. يقوم الطفل بشم الأشياء التي على الصينية.

٣. يطلب من الطفل أن يغمض عينيه.

٤. يزال أحد الأشياء عن الصينية.

٥. يطلب منه أن يشمها من جديد وهو مغمض العينين.

٦. يسمي الطفل الشيء المختفي.

**ألعاب أخرى لتنمية حاسة الشم**

١. ألعاب التمييز بين الروائح وتجميعها، وتصنيف الروائح المتشابهة.

٢. لعبة إخراج ذي الرائحة المختلفة من بين عدة أوعية لها نفس الرائحة.

٣. لعبة الأكياس المحتوية على عدة أشياء، والمعلقة على حبل بمستوى ارتفاع الأطفال، يطلب من الطفل إخراج الكيس المحتوي على مادة معينة عن طريق الشم.

# الفصل الخامس

## إعداد معلمي ذوي الحاجات الخاصة

## إعداد معلمي ذوي الحاجات الخاصة

إن المعلم أساس العملية التربوية التعليمية، فهو من يتوقف عليه نجاحها، وتطوير الحياة في عصرنا الحالي. لذا، وجب علينا الإيمان بالدور القيادي للمعلم، بحيث يتم إعادة النظر في إعداده ليتمكن من مواجهة تحديات العصر الحاضر، والقيام بالمهام الملقاة على عاتقه تجاه متطلبات العملية التربوية التعليمية. وتتفق الفلسفات الاجتماعية والسياسية التي تسود مجتمعاتنا أن كل فرد له حق الاستفادة من الخدمات التربوية التي تؤهله للقيام بدوره في الحياة، كما تساعده على النمو بطريقة سوية تحفظ له حقه وتحفظ للمعلم كرامته ورصانته. كما يجب على الخطط والجهود التربوية المبذولة أن تشمل ذوي الحاجات الخاصة إلى جانب أقرانهم العاديين، من خلال تقديم خدماتها التربوية في إطار التربية الخاصة التي تساعدهم على استثمار ما لديهم من إمكانات لتحقيق النمو السليم الذي يؤدي إلى تحقيق ذاتهم.

وذلك كله متوقف على شخصية المعلم، وكيفية إعداده، وتدريبه، وإيجابية اتجاهاته نحو ذوي الحاجات الخاصة.

لذا، فقد تغيرت وظيفة المعلم ولم تعد مجرد ناقل للمعلومات، بل تعدت ذلك إلى التربية، فهو أساساً وقبل أي شيء "مرب"، والتعليم بمعناه المحدود جزء من التربية التي تقم بين الفرد وعوالمه الثلاثة: "الطبيعة، المجتمع، الأخلاق". فالمعلم يعين، ويشرف، ويعلّم، ويرشد، ويوجه المتعلمين.

**التعليم الخاص بحاجة إلى المعلم الكفء، والذي تتسع ثقافته لأهداف المجتمع العصري، والذي يعمق معرفته لتتسق ومفاجآت التقدم العلمي في هذا العصر، المعلم الذي يخطط للمناهج، والمقررات، والأدوات بأكبر فائدة وأعظم عائد.**

وكما نعلم أن الأطفال العاديين يواجهون مشكلات عدة تقف حائلاً دون تعلمهم وتربيتهم بشكل سوي، وكل طفل يختلف عن الآخر، فكيف بحال ذوي الحاجات الخاصة الذين لديهم إضافة لمشكلات الإعاقة مشكلات سلوكية، وتربوية، واجتماعية عديدة، إضافة إلى أنه من الممكن أن يجمع ذوي الحاجات الخاصة أكثر من مشكلة وعائق؛ مما يزيد من حدة المشكلة ويجعلها تتطلب معلماً قادراً على التعامل معهم.

**الأبعاد العلمية لإعداد معلمي ذوي الحاجات الخاصة**

لا بد من أن يكون المعلم قادراً على أداء أداوره ومهامه المرتبطة بمهنته، سواء أكان داخل الفصل الدراسي أو خارجه، فمن الضروري أن تتكامل جوانب عملية إعداد المعلم في تفاعل مستمر دون انفصال، الأمر الذي يؤدي بدوره إلى إدراك وتفهم الأسس التي يعتمد عليها عمله كمرب ومرشد لتلاميذه من تفهم طبيعة وأهداف العملية التعليمية التربوية، وخصائص المتعلمين والمجتمع الذي يعيشون فيه. لذا، كان لزاماً على المعلم أن يلم بالأبعاد التالية:

- البعد التخصصي.
- البعد المهني.
- البعد الثقافي.

وهذه الأبعاد هي التي تسعى لتمكينه من اكتساب الكفايات اللازمة لأداء أدواره التربوية المتوقعة، مع ملاحظة أن الفصل القاطع بين هذه الجوانب والأبعاد يصعب التسليم به؛ لأن التداخل بين وظائف هذه الأبعاد ومهامها التربوية أمر لا يسهل ملاحظته، خاصة فيما يتعلق بالبعد الثقافي والذي يتصل بشدة بأبعاد النمو المهني والتخصصي، واستكمال شخصية المعلم.

**أولاً: البعد التخصصي**

يهدف إلى تجهيز المعلم أكاديمياً في فرع من فروع العلوم والمعرفة بقدر من التخصص والتعمق في المادة التي سيقوم بتدريسها لاحقاً. ويجب أن يطوع مواد التخصص التي يدرسها المتعلمين لخدمة أهداف تدريس هذه المواد في مدارس التربية الخاصة، بحيث يكون المعلم موسوعة يستطيع أن يجيب على جميع تساؤلات المتعلمين، ويستطيع تفسير الظواهر الطبيعية والاجتماعية لهم بأسلوب تربوي مقنع، وسهل يسير.

**ثانياً: البعد المهني**

إن البرامج الدراسية لعملية الإعداد المهني للمعلم تعتمد على:

- الأسس النظرية التعليمية اللازمة للممارسة الناجحة.
- المعارف التخصصية والمهارات الفنية التي تخص المهنة.
- استمرارية الإعداد للاحتفاظ بالنشاط الممارس، والمعلومات العامة بعد الانتهاء من الدراسة بالكلية.

يهدف الإعداد المهني إلى إكساب المعلم الأصول والأسس التربوية، والمهارات التعليمية ليتمكن من مواجهة مختلف المواقف التعليمية، ليستطيع أن يقوم بالعملية التعليمية التربوية على الوجه الأكمل، ويقدم كافة الخدمات للمتعلمين بما يناسب خصائصهم وميولهم واستعداداتهم حيث إنه سيتعامل مع أطفال غير عاديين، لهم خصائصهم التي تختلف عن العاديين، مما يتطلب منه ألاّ يتعلم العلم فقط، بل يتعلم طريقة تعليمهم وتربيتهم.

إن الإعداد المهني يتحقق بالدراسة النظرية والأصول التاريخية والفلسفية للتربية، والأصول، والأسس الاجتماعية، والسيكولوجية للتربية الخاصة؛ لأن المعلم لا يعرف ما سيقوم به مستقبلاً إلاّ إذا تعرّف من خلال إعداده المهني على الأيديولوجيات التربوية في الماضي البعيد والحاضر، وكيف تسهم التربية الخاصة في خلق حياة أفضل بالتعليم الأفضل.

ولا يجب أن نغفل عن أن الإعداد المهني يصقل مهارات المعلم وحذقه لفن التعليم؛ مما يمكنه التعامل مع ذوي الحاجات الخاصة بمختلف أنواعها، وتجعله يعتمد على نفسه في مواجهة الأزمات والمواقف المختلفة.

**الإعداد المهني هو الموجه، والمرشد، والدليل لمعلم ذوي الحاجات الخاصة، حيث إنه يؤدي أدواره داخل النظام التعليمي بصفة خاصة.**

في ضوء فلسفة التربية الخاصة وأهدافها ومبادئها تبرز الحاجة إلى تحديد الصفات المهنية التي يجب أن يكسبها الإعداد المهني لمعلمي ذوي الحاجات الخاصة وهي:

١. الإلمام بأهداف تربية ذوي الحاجات الخاصة ومبادئها التعليمية.

٢. الإلمام بطرق بناء شخصية ذوي الحاجات الخاصة.

٣. الاهتمام بالعمل في ميدان ذوي الحاجات الخاصة.

٤. التواصل التربوي بين المدرسة والأسرة لمساعدة ذوي الحاجات الخاصة ورعايتهم.

٥. التميّز بالقدر الوافر من القيم العاطفية، والوجدانية التي تساعده على إكساب ذوي الحاجات الخاصة المهارات المرغوبة.

٦. التعامل مع برامج إعداد ذوي الحاجات الخاصة لفظياً وحركياً.

٧. حسن استغلال المهارات اليدوية لذوي الحاجات الخاصة.

٨. فهم ذوي الحاجات الخاصة وتقييم مدى اكتسابهم للمهارات التعليمية المقدمة لهم.

٩. التقييم الموضوعي بما يتناسب ونوع الإعاقة ودرجتها.

كما يستفيد المعلم من برامج الإعداد المهني ما يلي:

١. إلمامه بلغة التعليم.

٢. معرفة ودراية بالعوامل المساعدة في التعليم.

٣. دراية ومعرفة تامة بكيفية إدارة الصف وتنظيمه.

٤. التخطيط للدرس.

٥. تنفيذ واستخدام أنشطة التفاعل داخل الصف.

٦. مراعاة شعور المتعلمين.

٧. تمييز جوانب القوة والضعف لدى المتعلمين.

٨. مساعدة المتعلمين على فهم عالمهم والتفاعل معهم.

**وللارتقاء بمستوى الإعداد المهني لمعلمي ذوي الحاجات الخاصة يجب أن يتم:**

١. إعادة النظر في المواد التربوية النظرية لتكون موضوعاتها مستمدة من الواقع.

٢. ربط مناهج الإعداد بمناهج المرحلة الدراسية التي سيقوم المعلم بتعليمها.

٣. تدريس المواد الدراسية على مراحل ثلاث: نظرية، عملية، تدريبية.

### ثالثاً: البعد الثقافي

إن التربية والتعليم بشكل عام عملية اجتماعية تتأثر بعدة عوامل مجتمعية، حيث إنها تشتق ضرورتها من الوجود الاجتماعي للمتعلمين، بكونهم حملة للثقافة وقادرين على استيعاب متغيراتها، كما أن المدرسة باعتبارها واسطة تربوية تقوم بوظيفة ثقافية هامة تتضمن نقل القيم والمعاني، وأنواع النشاط، والتفكير، وآداب السلوك العامة، والأنماط الثقافية من جيل إلى جيل بما يتفق وطبيعة الحياة في مجتمع معين.

والمدرسة بطبيعتها الاجتماعية والخلقية تعمل في الإطار القومي للمجتمع، وتستمد فلسفتها واتجاهاتها منه. وبناءً على ذلك تختار خبراتها التعليمية ، كما أنه ينبغي المحافظة

على هذا الإطار بأيديولوجيته، بحيث تسهم في تطوير هذا الإطار وتنميته بإخضاعه للدراسة والفكر والبحث في ضوء ما يشهده المجتمع من تغيرات.

إن معلمي ذوي الحاجات الخاصة بحاجة إلى ما يطلق عليه التثقيف العام الذي يستلزم مهنته؛ لأن الارتباط الوثيق بين الثقافة والتعليم يجعل دور المعلم عنصراً أساسياً في تشكيل الثقافة، فالمعلم هو المنفذ لأهداف وخطط المدرسة، ومن خلاله يتم تحويل هذه الخطط وتلك البرامج إلى واقع عملي ملموس في سلوك المتعلمين، لذا فإن المعلم هو وسيلة المجتمع للحفاظ على ثقافة المجتمع واستمرارها، وتجديدها.

تحسين التعليم يتوقف بالدرجة الأولى على المعلم

## الدور الوظيفي لمعلمي ذوي الحاجات الخاصة

إن أداء الطفل في المدرسة لا يتوقف على القدرة العقلية فقط، وإنما يعتمد على قدرة المعلم ومواقفه، وكذلك الحياة في البيت، ومع الأصدقاء، إذ أن هناك ثلاثة جوانب لحياة الطفل في الصف الدراسي وهي: القبول العاطفي، ومشاعر الاقتدار، والسلطة الاجتماعية.

وجزء كبير من بيئة التعلم للطفل تنطوي على النسق الخاص بالمدح والنقد الذي يفضله المعلم، فالأطفال المعرضين للنقد والتعليقات يتعلمون ببطء شديد، ويرتكبون الأخطاء عندما تطلق عبارات المدح بصورة عشوائية لا صلة لها بالأداء.

إن احتياجات المجتمع المتغيرة والمتزايدة دائماً تستدعي تطويراً مستمراً لعناصر العملية التربوية والتعليمية، مما يؤدي إلى تغيير مهام المعلم وواجباته على المستويين التخطيطي والتنفيذي للمنهج، وهذه الأدوار دائمة التغيير بسبب حركة المجتمع وتطوره، حيث يعمل المعلم في إطار عدة عوامل مؤثرة في مستوى أدائه، ويقصد بالدور في العملية التعليمية:

مجموعة من القواعد السلوكية المحددة لسلوك الفرد في موقف معين تفرض على الفرد مسؤوليات محددة

وقد حددت أدوار المعلم التي تساعده على أداء مهامه المختلفة بكفاءة، والتي تتناسب مع متطلبات العصر ـ الذي نعيش فيه، وهي متعددة ومتنوعة، والعلاقة بينها معقدة لكن لا يمكن تجاهلها، وهذا ما يجعل الكثيرين يصرفون النظر عن العمل في مهنة التعليم.

لكن إذا كانت أهداف التعليم واضحة أمام المعلم، ويعي للرسالة التي ينبغي إيصالها وأنها في نهاية المطاف رسالة إنسانية، مادتها ووسيلتها وغايتها الإنسان، ويبتعد

عن الأساليب التقليدية المتبعة في التعليم والتي تهمل ذاتية المتعلم وتعاني من نقص في الفاعلية، سيكون قادراً - بإذن الله - على توصيل رسالته الإنسانية التي يسعى من أجلها ولا ننسى في النهاية أن مهنة التعليم من أشرف المهن وأرفعها، وهي مهنة الأنبياء والمرسلين.

بناءً على ذلك يتضح دور المعلم الوظيفي فيما يلي:

## ١. المعلم رائد ومرشد

للمعلم دور ريادي لا يمكن لأي تربوي منصف إعفاؤه منه، فهو ذا تأثير فعّال في تكوين العادات السوية لدى المتعلمين، وتنمية فلسفتهم ورؤيتهم للحياة بعيداً عن التعليم والمناهج، حيث يجب أن يمتد نشاط المعلم خارج الصف الدراسي إلى مجالات عدة، فتربية جانب خلقي أو تكوين عادة أو السير ببعض سمات الشخصية في طريق النضج أمر يتطلب أن يتيح للمتعلمين فرصاً عديدة تظهر فيها سماتهم وعاداتهم، ويتطلب ذلك من المعلم أن يشرف على المتعلمين خارج الصف الدراسي، ومن الجدير بالذكر أن ذوي الحاجات الخاصة يعتمدون بشكل كبير على الغير في حل مشكلاتهم، نظراً لما يعانونه من مشكلات تعوق نموهم وقدراتهم.

إن دور المعلم كمرشد ورائد دور هام ومؤثر في حياة المتعلمين، حيث يجمع التربويون بأن دور المعلم يأتي في المرتبة الثانية بعد أولياء الأمور في هذه العملية، فهو حين يقوم بهذا الدور يساعد المدرسة على الوفاء بمتطلباتها نحو المجتمع الذي أنشأها كمؤسسة تربوية لتحقيق أهداف خلق وتشكيل المواطن القادر على التكيف مع نفسه والمجتمع الذي يعيش فيه، حيث ينظر المعلم إلى سلوك المتعلم على أنه نتاج الخبرة التي يعانيها والظروف الاجتماعية التي تحيط به، ليعمل على دراسة جميع النواحي وتحديد وسائل إرشاد المتعلم وأساليب توجيهه.

والمعلم في مرحلة المعرفة يعتمد على تجاربه وخبراته، كما يحدد الأهداف ويرسم الحدود وفقاً لحاجة المتعلمين وقدراتهم. والمعلم كمرشد في عمله يقوم بما يلي:

■ يخطط أهداف التعليم.

- يتيقن من أن الأطفال سيقومون بالرحلة التعليمية بأنفسهم.
- يعطي للرحلة التعليمية معنى وحياة.

**٢. المعلم كموجه للسلوك بناءً على توقعاته**

إن المتعلمين في الصف الواحد يختلفون بعضهم عن بعض في خصائصهم النمائية، والاجتماعية، والسلوكية بسبب اختلاف درجات الإعاقة وتباينها، حيث تختلف مفاهيمهم، واتجاهاتهم، وقيمهم، وميولهم، وتشير كلها إلى تنوع المستويات. وإذا كان لهذا أي معنى فهو يدل على أن المعلم في تفاعلاته مع المتعلمين داخل الصف يواجه فروقاً كثيرة، تعطي توقعات مختلفة لديه لمستويات أدائهم، لذلك هو مطالب بأن يستخدم طرقاً ووسائل متنوعة في تناول المادة التعليمية مع ضرورة بث روح الثقة في الجميع نظراً لما يعانونه من ظروف إعاقتهم المختلفة؛ مما يتطلب الاتصال وإقامة العلاقات معهم، بحيث يكون قوام العلاقات المحبة، والمودة، والصداقة، والثقة، وكلها أمور تساعد المعلم على اختيار الخبرات وتنظيمها وإدارتها بصورة تؤدي إلى نمو الفرد وتعلمه إلى مستوى أفضل في إطار قدراته الخاصة، وظروف إعاقته تجعل منه فرداً مختلفاً عن غيره داخل الصف وخارجه.

والمعلم كموجه للسلوك تتجاوز مهمته حشو أذهان المتعلمين بالمنهاج الدراسي فقط، بل يتعدى ذلك إلى موقف تفكيري يتعلم منه المتعلمين بحيث يكون قادراً على أن يعرف:

- كيف يتعلمون.
- كيف يستخدمون ما يتعلمون في واقع حياتهم.
- كيف يسلكون مع الآخرين بموجب ما يتعلمون.

**٣. المعلم مرب**

يساعد المعلم المتعلمين على تعلم الأشياء التي لا يعرفونها وفهمها. ولطريقة المعلم في الشرح وعلاقته بالمتعلمين، وقدرته على إثارة اهتمامهم، وتعديل أسلوبهم، وإعطاء التعليم الذي يقوم به معنى وحيوية واهتمامه بمهنته وصدقه في توصيل رسالته الإنسانية دور كبير

في إكساب المتعلمين المهارات والقدرات التي تؤهلهم للتعامل مع المجتمع. وتتضمن العلاقة بين المعلم والمتعلم عدداً من الأساليب التي تحتم التزام المعلم بها ما يلي:

- تعويد المتعلمين على الطاعة والنظام.

- تعليم المتعلمين بالمحبة والمودة.

- يوفر لهم ما يلزمهم ويكفل لهم راحتهم.

## ٤. المعلم ناقل تربوي للمعرفة

تعتبر المعرفة مكون متكامل للإنسان، ومظهر لطبيعة سلوكه وليس شيئاً يخزّن. لذا، فإن دور المعلم في تلقين المعلومات المتزايدة بشكل كبير، إنما هو تأكيد على الناحية العقلية تأكيداً يفيد إلى حد معقول. والمعرفة لا يمكن نقلها باللفظ وحده وببساطة، وإنما هي تمر بعملية تغير وتحوّل حتى تجد لها مكاناً في الإطار الفكري لدى المتعلم، كما أن هناك أنواعاً مختلفة من المعرفة لا يمكن نقلها باللفظ فقط مثل: تذوق كل ما هو جميل، والتي ترتفع فوق العبارات اللفظية العادية المتعلقة بالحقائق.

## ٥. المعلم مجدد ومبتكر

المعلم مترجم لتجارب الإنسان إلى عبارات لها معنى بالنسبة للمتعلم، وهناك ثغرة واسعة بين الأجيال من ناحية، وبين الأسوياء وذوي الحاجات الخاصة من ناحية أخرى آخذة في الاتساع على مر الزمن، ولكي يصبح كذلك فلا بد أن يكون مثقفاً ولديه الإمكانات التي تجعله قادراً على تحسين الوسائل المعينة وتطويرها، والاطلاع على كل ما يستجد تقنياً في المجال، إضافة على ابتكار مجموعة من الأنشطة الهادفة التي يتم من خلالها نمو سوي للمتعلم من جميع الجوانب، حيث ارتبط التقدم العلمي والتكنولوجي المعاصر ارتباطاً وثيقاً ومباشراً بالتربية وتطورها، مما أدى إلى إعادة النظر بصورة جذرية في نظام التعليم وهيكله ومحتواه.

## ٦. المعلم إنسان

إن ذوي الحاجات الخاصة هم الدعامات التي تتركز حولها أفكار معلميهم، وما دام المعلم قد بقي هو المركز الذي تدور حوله دنيا ذوي الحاجات الخاصة في المدرسة، فبيئة الصف الدراسي ومناخه العام يحدثان آثاراً عديدة في شخصيات المتعلمين، وينقل إليهم القيم والمعايير والمفاهيم التي تؤثر في شخصياتهم.

وشخصية المعلم ذات أثر بالغ في مهمته، وأول مهامه العمل على مساعدة ذوي الحاجات الخاصة ليصبحوا متميزين بأسلوبهم الخاص بهم، وهو قادر على تطوير شخصياتهم وإنمائها من خلال تأثير شخصياتهم، من خلال هدف يسعى للوصول إليه.

## المتطلبات التربوية لإعداد معلمي ذوي الحاجات الخاصة

انطلاقاً من أهمية الدور الذي يقوم به معلم ذوي الحاجات الخاصة، بدأ الاهتمام بإعدادهم في مختلف المراحل الدراسية، حيث إن الإعداد الجيد لمعلمي ذوي الحاجات الخاصة ينبغي أن يسير في اتجاه تحقيق أهداف التربية الخاصة، وأن الكفايات التي ينبغي توافرها في هذا المعلم لا تكون بالصدفة أو من خلال الخبرة غير الموجهة؛ لأنها صفات ومهارات مكتسبة وتتكون من خلال ما يتلقاه المعلم من المواد، كما ينبغي أن تكون هذه المتطلبات ماثلة في الأذهان عند إعداد معلم ذوي الحاجات الخاصة بكليات التربية. وهذه المتطلبات هي:

### ١. تكامل المعلومات

إن تحقيق أهداف التربية الخاصة تعتمد على طرح مناهج متكاملة بعيدة عن التخصص الضيق، حيث يكمن في تكاملها ضمان نجاح المعلم في تنفيذها بالدرجة المنشودة؛ لذا يجب أن تكون فترة الإعداد مناسبة لتخريج المعلم المطلوب.

### ٢. إعداد معلم يتفهم أبعاد التربية الخاصة

ينبغي على معلم ذوي الحاجات الخاصة أن يقوم بدوره على أكمل وجه وبكفاءة، ويتم ذلك بالمزج بين النظري والعملي، ويشكل محوراً رئيساً يستند إليه تعليم ذوي الحاجات الخاصة، حيث يتلقى المتعلمين التدريب اللازم على استخدام الأجهزة والوسائل التعليمية لرفع مستوى أدائهم وكفاءتهم.

### ٣. إعداد معلم يتفهم البيئة وتنمية المجتمع

يجب على معلم ذوي الحاجات الخاصة أن يكون قادراً على المشاركة في الأنشطة الاجتماعية، بحيث يتحقق التفاعل المنشود مع البيئة وقيادة النشء، مما يتطلب ألا تقف المناهج عند حد تقديم المقررات بشكل نظري بل تتيح للمتعلمين الفرصة للتدريب عليها كجانب أساسي من جوانب إعدادهم لمهنة التعليم في مدارس التربية الخاصة ومعاهدها.

## ٤. إعداد معلم متفهم لمدخلات تعليم ذوي الحاجات الخاصة

ينبغي أن يكون المعلم متفهماً لفلسفة التربية الخاصة، وأهدافها، وأبعادهـا الاجتماعية، لأنه العنصر الأساسي في العملية التربوية التعليمية، وهـذا الـدور يتطلب من المعلم أن يكون:

- فاهماً لفلسفة التربية الخاصة وأهدافها.

- قادراً على تطبيق التربية الخاصة عملياً في المدارس.

- فاهماً لفلسفة ذوي الحاجات الخاصة، وخصائص نموهم، وكيفية التعامـل معـهـم بما يمكّن المعلم من تقييم الصفات الشخصية لهم.

- شخصية قيادية قادرة على التأثير في المتعلمين، وكسب ودهم وحبهم.

- قادراً على تقويم المتعلمين سلوكياً وتعليمياً ووجدانياً.

- قادراً على تدريس المنهج أو المناهج للمتعلمين في السنوات الأخيرة مـن المرحلـة الأولى من التعليم الأساسي.

- قادراً على الإرشاد النفسي للمتعلم.

- قادراً على التوجيه الاجتماعي للمتعلمين وكشف مواهبهم ومعاونتهم في التعـرف على إمكاناتهم وتوجيهها بشكل مناسب.

- قادراً على التعلم الذاتي وبناء الاتجاهات الإيجابية لذوي الحاجات الخاصة.

- قادراً على ممارسة بعض المهارات اليدوية والعملية التي يمكـن أن يستخدمها في تعليم ذوي الحاجات الخاصة.

لأهمية الدور الذي يقوم به معلم ذوي الحاجات الخاصة، لا بد من تهيئة الظروف الاقتصادية والاجتماعية له، بحيث يقبل على أداء عمله بحرص وإتقان باستمرار، من خلال الوسائل التي تجذب أفضل العناصر للإقبال على العمل في مجال تربية ذوي الحاجات الخاصة وتعليمهم، وتدفع العاملين إلى المزيد من التقدم والنهوض بمستوى المهنة في هذا المجال.

## قائمة المراجع

### أولاً:المراجع العربية:


- بارودي، كاتيا (٢٠٠٠): **كيف نفهم التريزوميا فهماً أفضل**. مترجم، لبنان.
- تركي، نورة محمد (١٩٩٤م):"فاعلية العلاج السلوكي في زيادة الانتباه لدى الأطفال المتخلفين عقلياً المصابين بمرض داون". **رسالة ماجستير غير منشورة**، قسم علم النفس، جامعة الملك سعود، الرياض.
- جاكسون،كولين(٢٠٠٣م):**"متلازمة داون الفسيفسائية متعددة الخلايا"**.الجمعية السعودية الخيرية للتربية والتأهيل لذوي متلازمة داون.
- جعفر،غسان(٢٠٠١م):**"التخلف العقلي عند الأطفال"**.(ط١).بيروت:دار الحرف العربي للطباعة والنشر والتوزيع.
- **الجمعية البحرينية لمتلازمة داون(٢٠٠٠م).**WWW.bdss.org.
- **الجمعية السعودية الخيرية للتربية والتأهيل لمتلازمة داون(٢٠٠٣م) WWW.werathaa.com.**
- حمدان،محمد زياد(١٩٨٢م):" **تعديل السلوك الصفي:مرشد علمي وتطبيقي للمعلم"**. مؤسسة الرسالة، بيروت.
- الخشرمي،سحر(١٩٨٨م):"فاعلية الخطة التربوية في تدريس المهارات اللغوية للطلبة المعوقين عقلياً".**رسالة ماجستير غير منشورة**،الجامعة الأردنية،عمان-الأردن.
- الخطيب،جمال والحديدي،منى(٢٠٠٣م):**"مناهج وأساليب التدريس في التربية الخاصة"**.(ط٢).بيروت:مكتبة الفلاح للطباعة والنشر والتوزيع.

- الخطيب،جمال(١٩٨٨م):"المظاهر السلوكية غير التكيفية الشائعة لدى الأطفال المتخلفين عقلياً الملتحقين بمدارس التربية الخاصة دراسة مسحية". **مجلة دراسات**،مجلد(١٥)،عدد(٨)،الجامعة الأردنية.
- الخطيب،جمال(١٩٩٣م):"**تعديل سلوك الأطفال المعوقين:دليل الآباء والمعلمين**". دار إشراق للنشر والتوزيع،عمان - الأردن.
- الخلف،موسى(٢٠٠٣م):"العصر الجينومي".**سلسلة علوم المعرفة**، العدد(٢٩٤).
- دبيس، سعيد (١٩٩٨م): "فاعلية التعزيز التفاضلي للسلوك الآخر في خفض السلوك العدواني لدى الأطفال المتخلفين عقلياً القابلين للتعلم". **بحث مقدم للندوة العلمية الأولى لأقسام علم النفس بجامعات دول مجلس التعاون الخليجي** (١١-١٣) مايو، قطر.
- الرفاعي، نعيم(١٩٨٢م):"**العيادة النفسية والعلاج النفسي: الاتجاهات في المعالجة النفسية**". المطبعة التعاونية،دمشق - سوريا.
- الروسان،فاروق (١٩٩١م):"**منهاج المهارات الحركية والرياضية للأطفال غير العاديين (الأهداف التعليمية: قياسها وتدريسها)**". عمان: مطبعة الجامعة الأردنية، الجامعة الأردنية.
- الروسان،فاروق وهارون،صالح(٢٠٠١م):"**مناهج وأساليب تدريس مهارات الحياة اليومية لذوي الفئات الخاصة**".(ط١).الرياض،دار الزهراء للنشر والتوزيع.
- الروسان، فاروق (١٩٩٩م): **مقدمة في الإعاقة العقلية**. ط١. عمان، دار الفكر للطباعة والنشر.
- الروسان، فاروق (٢٠٠٠م): الذكاء والسلوك التكيفي (الذكاء الاجتماعي). الرياض. دار الزهراء للنشر والتوزيع.
- الروسان، فاروق (١٩٩٦م): فاعلية المعايير الجديدة للصور الأردنية من مقياس السلوك التكيفي بدلالات معايير الصور الأردنية من مقياس ستانفورد بينيه

- ومعايير مؤسسة التربية الخاصة في عينة أردنية. مجلة **مركز البحوث التربوية بجامعة قطر**، ع١٠، السنة الخامسة، يوليه ١٩٩٦م.

- الروسان، فاروق (١٩٩٤م): معايير الصورة الأردنية من مقياس السلوك التكيفي للمعاقين عقلياً. **مجلة كلية التربية**، ع١٠، جامعة الإمارات العربية المتحدة.

- الريحاني، سليمان(١٩٨٥م):"**التخلف العقلي**".المطبعة الأردنية،عمان-الأردن.

- السرطاوي،عبد العزيز وأيوب،عبد العزيز حسن(١٩٩٨م):"**الإعاقة العقلية**".بيروت:مكتبة الفلاح للنشر والتوزيع.

- السرور،نادية(١٩٩٨م):"**تربية الموهوبين والمتميزين**".(ط١).عمان: دار الفكر للطباعة والنشر والتوزيع.

- شاهين، عوني معين (٢٠٠٤م): فاعلية برنامج تعليمي للأطفال ذوي متلازمة داون على خصائصهم السلوكية. **رسالة دكتوراة غير منشورة**، الجامعة الأردنية.

- صادق،فاروق(١٩٨٢م):"**سيكولوجية التخلف العقلي**".(ط٢)،الرياض:مطابع جامعة الملك سعود.

- عزب،محمود سليمان(١٩٩٦م):"تأثير برنامج بدني وغذائي في تخفيف الوزن وبعض المتغيرات الوظيفية". **رسالة ماجستير غير منشورة**،جامعة بغداد ، العراق.

- عطية،سناء(٢٠٠٢م):" آفات القلب الخلقية عند الأطفال المنغوليين".**رسالة ماجستير غير منشورة**،جامعة حلب،حلب،سوريا.

- عماري،منذر(٢٠٠٤م):"**السجل الإحصائي لمركز تشخيص الإعاقات المبكرة**". عمان-الأردن:وزارة الصحة.

- عيسوي،عبد الرحمن(١٩٩٤م):"**التخلف العقلي**". دار النهضة العربية للطباعة والنشر،بيروت.

- فهمي،مصطفى إبراهيم(٢٠٠١م):"الجينوم".سلسلة عالم المعرفة، العدد(٢٧٥)، الكويت.

- المجموعة الاستشارية لنظم المعلومات والإدارة(ISM)(٢٠٠٢م). مشاكل الشباب. لست وحدي في هذا العامل:كيف نساعد أولادنا حاملي متلازمة داون. **"الجمعية البحرينية لمتلازمة داون".**

- مرسي،كمال إبراهيم(١٩٩٩م):**"مرجع في علم التخلف العقلي".** القاهرة:دار النشر للجامعات.

- المطرودي، ضيف الله إبراهيم (١٩٩٧م): "فاعلية التعزيز الإيجابي والإقصاء في خفض السلوك العدواني لدى الأطفال المتخلفين عقلياً من الدرجة البسيطة". **رسالة ماجستير غير منشورة**، كلية التربية، جامعة الملك سعود، الرياض.

- المناعي،عبد الكريم(٢٠٠٠م):**"الجمعية البحرينية لمتلازة داون".**

- المناعي،محمد عبد الكريم(٢٠٠٢م):"دمج الطلبة ممن لديهم متلازمة داون". **ورقة عمل مقدمة للجمعية البحرينية لمتلازمة داون.**

- الملق، سعود بن عيسى( ١٩٩٩م): متلازمة داون: **أكثر الإعاقات الذهنية تزايداً،** الرياض، مجموعة المعراج الدولية.

- وهّاس، سعيد هادي(١٤١٢هـ): "فاعلية الاقتصاد الرمزي في الإقلال من السلوك الحركي الزائد لدى الأطفال المتخلفين عقلياً من الدرجة البسيطة". **رسالة ماجستير غير منشورة،** كلية التربية، جامعة الملك سعود، الرياض.

- يوسف،محمد فوزي وبورسكي،باروسواف كفاشي(٢٠٠٢م):**"متلازمة داون: حقائق وإرشاد".** مدينة الشارقة للخدمات الإنسانية.

- يوسف، محمد عبد الرحمن محمود (١٩٩٣م): "فاعلية برنامج تعزيز رمزي في خفض بعض السلوكات غير التكيفية لدى المتخلفين عقلياً". **رسالة ماجستير غير منشورة، الجامعة الأردنية.**

ثانياً:المراجع الأجنبية

- AAMR,(1992).Mental Retardation, 9$^{th}$ Ed.AAMR.Washington D.C.

- Angelopou N;Souftas V; Sakadamis A.Matziari C;& Papamelrtiou V(2000).Gonadal Function in Young women with down syndrome, Int J Gyaecol Obstet, Oct; 67(1); 15-21.

- Ayllon. T, & Azrin , N.H. (1968). The Token Economy; A motivational system for therapy and rehabilitation. New York: Appleton Century – Crofts.

- Axelord, s., (1971): "Token Reinforcement programs in special classes". Exceptional children, vol. 37, pp.371-378.

- Barkai,Gad Arbuzova, Svetlane, Berkenstadt,Michel,Heifetz, Sigle& Cuckle,Howard(2003). Frequency of Downs Syndrome and Neural-tube Defects in the same Family. The Lancet. Apr, (V0L.361).

- Bear ,Donald M.(1985).Community – Based Residential Treatment of the mentally retarded adolescent offender. Journal of Community Psychology (VOL.13).

- Begley, Amanda & Lewis Ann(1998).Methodological Issues in the Assessment of the self – concept of children with Down Syndrome. Journal of child Psychology and Psychiatry Review.(Vol.3).

- Belmont,J.M.(1971).Medical Behavioral Research in Retardation In N.R. Ellis. International Review of research in Mental Retardation. (Vol.5).

- Bergin, Allen. E.& Garfield ,(1971) S.L, Hand Book of Psychotherapy and Behavior change. John Wiely & Inc. U.S.A.

- Bible,G.H(1973). An Evaluation of A token Economy Program for mentally Retarded Sheltered Care Residents. Dissertation Abstracts International. (VOL.36).

- Brockmeyer D.(1999).Down Syndrome & craniovertebral instability: Topic Review & Treatment recommendations.Pediatr Neurosurg Aug, (VOL.31).

- Byrne, Angela, Macdonald, John, & Buckley, Sue., (2002). Reading, Language and memory skills : A Comparative Longitudinal study of children with down Syndrome and their mainstream peers. British journal of Educational psychology (2002), 72,513-529, from EBSCOhost database.

- Capone. George. T(2004). Down Syndrome; Genetic Insight and Thoughts on Early Intervention. Journal of Infants and young Children . (vol.17).

- Chapman Robins., hesketh Linda J. (2002): Behavioral phenotype of Individuals with Down syndrome. Mental Retardation and Development Disabilities Research Reviews; 6: 84-95. From EBSCO host database.

- Charles ,E. Schafer , (1982) How to help Children with common problems? New American Library, Mosley.

- Christensen ,D.E & Spraque ,R.L.(1973) "Reduction of Hyperactive Behaviors by Conditioning Procedures alone and Combined with Methylphenidate , (Rilalin)."Behavior Research of Therapy.(VOL.11).

- Christensen , D.E (1075). Effects of Combining Methylphenidate and Modifying Hyperactive Behavior. American Journal of Mental Deficiency.(VOL.80).

- Clark, G.M & kalstoe, O.P Career development and transition education for adolescents with disabilities. Boston, Allyn & Bacon, 1990.

- Collins, Veronica, (2003). Providing services for families with A Genetic condition: A contrast between Cystic Fibrosis and Down Syndrome. Pediatrics. Nov, 2003, Vol. 112 (5), 1177 – 1180.

- Conen, P.E.& Erkman, B(1966). Combined Mongolism & Leukemia . American Journal of Disease in Children. (VOL.112).

- Cornwell, A.C, & Birch, H.G (1969).Psychological and social development in home – reared children with downs syndrome. American Journal of Mental Deficiency. (VOL.74).

- Coulby,R.,&Harper,T,(1985) Preventing Classroom disruption. London;  Croom Helm.

- Dalton, A.J, Rubino, C.A, & Hilsop,M.W(1973). Some Effects of token rewards on school achievement of children with Downs syndrome . Journal of Applied Behavior Analysis (VOL.6).

- Denkowski, G.C. Denkowski ,K.M (1985). Community – based residential treatment of the mentally retarded adolescent offender : Phas(1) reduction of aggression behavior. Journal of community Psychology(VOL.13).

- Evans, D.W, and Gray FL., (2000). Compulsive – like behavior in individual with Down Syndrome : it relation to mental age level. Adaptive and maladaptive behavior Child Dev. Mar – Apr, 71(2) : 288-300 from EBSCOhost database.

- Fedler, Deborah J. Hodapp Robert M,Dykens & Elisabeth .M(2002). Behavioral phenotypes and special education ; parent report of educational issues for children with Down Syndrome and William Syndrome. Journal of Special Education. (VOL.36).

- Gardner , W, and C.W Moffat (1990). Aggressive Behavior Definition, Assessment Treatment, International Review of Psychiatry.

- Gibson , D.(1978). Downs Syndrome ; The Psychology of Mongolism. London.

- Grossman, H.G. (Ed)(1983). Classification in Mental retardation. Washington: American Association on Mental Retardation.

- Guttman,Burton S& Hopkins, Johns W.(1999). Biology. Boston.

- Harris, Rayan. A., Washington, A Eugene, Nease Jr, Robert F., & Kuppermann, Miriam (2001). Cost Utility of Diagnosis and the risk – based threshold. The Lancet. (Vol.363, Jan.24, 2004., from EBSCO host database.

- Hassold,Terry(1998). The Incidence and Origin of Human Trisomies. The National Down Syndrome Society (NDSS) Copendium.From EBSCO Host database.

- Heber, R 1983, Expectancy and expectancy changes in normal and mentally retarded boys. Dissertation Abstract International.

- Hill, Bk. & Bruiniks, R.H. Maladaptive Behaviors in Residential. Facilities, & American Journal of Mental Deficiency Vol. 88, 1989, pp 380 – 388.

- Kazdin, A.E. Graighood, W.E., XMahomy, M, 1976 Behavior Modification principles: Issues and applications, Boston Houghton Mifflin Company.

- Kelly, M.M & Schoen,S.(1988). It worked in my classroom; A social and Academic Behavior Change Program. Research Report . Pennsylvania.

- Kirk, Samuel A. & Gallagher, James , J., (1989). Educating Exceptional Children. 6th Ed. Boston.

- Koller , H.S. Richardson , M. Katz , and J. Mclaven(1983). Behavior Distortable since Childhood Among a 5 year birth Cohort of mentally Retarded Young Adults in a city. American Journal of Mental Deficiency.

- Lalo, Elodie, Debu, Bettina (2003). Visuosayial attention and motor preparation in individuals with down syndrome. Adapted Physical activity quarterly.

- Lodge , A., & Kleivland P.b (1973). Early Behavioral Development in Downs Syndrome. London.

- MacMillan ,D(1985). Mental Retardation in School and Society. Boston. Little Brown & Company.

- Mange , Elaine Johansen & Mange , Arthur p.(2000). Basic Human Genetics.

- Maraj , Brian K.V. Hillman , Lili , Rebecca , Jeansonne , Jennifer & Ringenbach , Shannon D.(2003). Verbal Instruction in motor skill Acquisition for persons with and without down syndrome. Adapted Physical Activity Quarterly.

- Martin ,G.&Pear,J(1983) Behavioral Modification; What it is And how to do it? Prentice – hall. INC-New Jersey .

- Maston , E.J (1984). Behavioral Treatment of Psychometric complaints of Mentally Retarded adults. American Journal of Mental Deficiency (VOL.88).

- Meadow , S.R , Smithells , R.W. (1985). Lecture Notes on Pediatrics. 4[th]Ed. Great Britain ; Alden press.

- Metcalf , F. & Feldman , D.(1982). The Effects of cooperative change planning in Reward and Response cost Token System on the Disruptive Behavior of an Elementary EMH class. Exceptional children.

- Millman,L.Heward,and others , (1981) Therapies for School Behavior Problems.Jossey-Bass , INC Publisher.

- Mitchell , RB , Call , E. Kelly , J.(2003). Ear , nose and throat disorders in children with down syndrome. Laryngoscope.

- Mohamed , Mohamed Gamal (1990). Parental Reaction To Having A child with Downs Syndrome. Unpublished master degree. Ain Shams University, Cairo – Egypt.

- Neukater, H,(1981). Teaching self control to mentally retarded students within a structured classroom setting. International Journal of Rehabilitation Research (VOL.4).

- Newberger , David S.(2000). Down Syndrome; RENTAL Risk Assessment and Diagnosis. American Family Physician .

- Newcomer, p(1980): understanding and Teaching Emotionally Disturbed children, Allyn & Bacon Inc.

- Nicols , A., Atkinson L,. Pepler , D.(2003). Mastery Motivation in Young Children with Down Syndrome relations with cognitive and Adaptive competence. Journal of Intellectual Disability Research.

- Nobel.D.E (1978). Behavior Research and Therapy. (VOL.32).

- O'Leary , K.D. & Becker, W.C (1967). Behavior Modification of an Adjustment class; A token Reinforcement Program . Exceptional Children. (VOL.33).

- O'Leary .K,D, & Drabman,R, (1971). " Token Reinforcement   Programs  in the classroom; A Review" .  Psychological Bulletin (VOL.75).

- Olsen , Jorgen H , Winther , Jeanette Flack , (2003). Down Syndrome and Neural Tube Defects in the Same Families, The Lancet.

- Patterson, G.R Jones. R. Whittier , J& Wright M.A (1965). A behavior Modification technique for hyperactive child. Behavior Research and Therapy.(VOL.2).

- Pueschel , Siegfried M.(2001). Young People with Down Syndrome; Transition from childhood to Adulthood. National Down Syndrome Society (NDSS). From EBSCOhost database.

- Ringenbach , Shannon D,. Erickson , Annica B, Kao , James C. (2003). Performance of Bimanual Circles and lines by adults with Down Syndrome. Adapted Physical Activity Quarterly.

- Roisen . Nancy J , Patterson , David (2003). Downs Syndromes. The Lancet. From EBSCOhost database.

- Ruggles, T.R. & LeBlanc , J.M(1982). Behavior Analysis Procedures in classroom teaching. In A.S. Bellback, M. Hensen, & A.E Kazdin. International handbook of behavior Modification and therapy , New York; Plenum Press.

- Sandford, D.A. Elzinga, R.H ; Grainger, W.H.(1987). Evaluation of Residential Behavioral Program for Behaviorally Disturbed, Mentally Retarded Young and Adults. American Journal of Mental Deficiency. (VOL.91).

- Shea,M, (1978) Teaching Children and Youth with Behavioral Disorders, Saint Louis; C.V Mosby Company.

- Simpkins , J. & Williams I.(19920). Advanced Biology. 3$^{rd}$ Ed. London; Collins Educational.

- Smith , Stephen W. (1990). Individualized Education Programs in special Education – form Intent to Acquiesce. Exceptional Children.

- Stainback, W.C.&Stainback,S.B,(1982) Educating Children with Severe Maladaptive Behaviors, New York ; Grune & Stratton.

- Stray- Gunderson, Karen., (1986). Babies with Down Syndrome: A new parents guide. London: Woodbine House.

- Suzler – Azoroff , B.& Mayer , G;(1977) Applying Behavior Analysis; Procedures with Children and Youth , New York; Holt, Rinehart, & Winston.

- Swanson H. Lee., & Reiwert R, Teaching strategies for children in conflict curriculum, (2$^{nd}$ Ed). Times Mirror Mosby College publishing, U.S.A. 1989.

- Smith , Deborah Deutsch , Lukasson , Ruth (1992). Introduction to special Education; Teaching in Age of Challenge. USA.

- Walker,J.E & Shea , T.M ( 1984) Behavior Management; A Practical approach for Education. S.T. Louis: Times Mirror

- Wechsler J, Greene M , McDevit M.A Anastsi J , Karp JE , Le Beau M.M , Crispino JD,(2002) Acquired mutations in GATAL in the Megakaryblastic Leukemia of Down Syndrome. **Nat Genet**.

- Wehman , Poul , Mcianghlin , Philip(1981).Program Development on Special Education. New York. McGraw Hill Book Company. From EBSCOhost database.

- Yang , Quanhe , Rasmussen , Sonja A& Friedman ,J.M(1997). Mortality associated with Downs Syndrome in the USA from (1983-1997). From EBSCOhost database. –

- Zachor , DA , Mroczek – Musulman E , Brown P.(2000). Prevelance of Celiac Disease in Down Syndrome in the united states. Journal of Pediatr Gastroenterology Nutr.

- Zeaman , D , & House , B.J.(1962). Mongoloid MA is Proportional to log CA. Child Development.